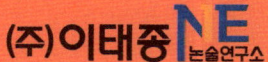

초등학생을 위한 논쟁 수업과 논서술 대비용

이슈 토론

융복합 사고의 결정판
(3~5학년 권장)

12가지 주제

행복한 논술 편집부 엮음

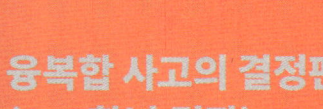

초등 중급 2호

- 신문 읽기 성적 올리기
- '화성 신도시'에서 살아 볼까
- 넘어져야 일어설 수 있다
- '백정의 고기 한 근'과 존댓말
- 멧돼지와 공존하는 법
- 가난한 나라 살리는 공정 무역
- 안용복 같은 '독도 전사'가 되자
- 피라니아가 우리 강에서 산다면…
- 한산모시짜기 아세요
- 랑케는 왜 소년과의 약속을 지켰을까
- 짠 음식은 왜 모조리 맛있는 거죠
- 유엔을 알아야 국제 기구에서 일하지

차례

토론의 이론과 실제 ······ 04

01 신문 읽기 성적 올리기 ······ 09
　　이슈 신문 읽으면 성적 오른다
　　토론 신문 어떻게 읽을까

02 '화성 신도시'에서 살아 볼까 ······ 18
　　이슈 지구를 빼닮은 화성
　　토론 화성 탐사 어디까지 왔나

03 넘어져야 일어설 수 있다 ······ 27
　　이슈 도전이 없으면 발전도 없어
　　토론 도전 정신을 키웁시다

04 '백정의 고기 한 근'과 존댓말 ······ 36
　　이슈 존댓말 쓰는 어린이가 줄어든다
　　토론 존댓말을 바르게 쓰는 방법

05 멧돼지와 공존하는 법 ······ 45
　　이슈 야생 동물로 인한 피해가 늘어난다
　　토론 야생 동물 과학적으로 관리해야

06 가난한 나라 살리는 공정 무역 ······ 54
　　이슈 공정 무역은 누구에게나 이익
　　토론 공정 무역을 발전시키는 길

07 **안용복 같은 '독도 전사'가 되자** ································· 63
   이슈 이대로 있으면 독도 빼앗긴다
   토론 독도를 알고 홍보해야 지킨다

08 **피라니아가 우리 강에서 산다면…** ································· 72
   이슈 외래 동물 어떻게 들어오나
   토론 외래 동물 피해 어떻게 줄일까

09 **한산모시짜기 아세요** ································· 81
   이슈 세계가 인정한 우리 무형 유산
   토론 무형문화재를 살리려면…

10 **랑케는 왜 소년과의 약속을 지켰을까** ································· 90
   이슈 약속 안 지키면 신뢰 잃는다
   토론 약속을 잘 지키는 방법

11 **짠 음식은 왜 모조리 맛있는 거죠** ································· 99
   이슈 우리 국민 너무 짜게 먹는다
   토론 소금을 줄이면 건강이 보인다

12 **유엔을 알아야 국제 기구에서 일하지** ································· 108
   이슈 유엔은 어떤 일을 할까
   토론 역할 커지는 유엔

답안과 풀이 ································· 117

토론의 이론과 실제

4차 산업혁명의 특징은 여러 분야의 기술을 융합하는 것이다. 따라서 4차 산업혁명에 대비하려면 소통 능력과 협동심이 중요하다. 소통 능력과 협동심을 기르려면 어렸을 적부터 토론 교육이 필요하다.

토론은 절차를 갖춘 공식적인 쌍방 소통이다. 토론 과정에서 절차를 지키지 않으면 문제는 해결되지 않고 말싸움으로 끝나게 된다.

토론은 논쟁과 토의로 나뉜다. 논쟁은 입장이 다른 편을 서로 설득하는 토론인데, 찬반 토론으로 대표된다. 주로 사용하는 방식은 두마음토론과 세다(CEDA)토론을 들 수 있다. 토의는 같은 편끼리 바람직한 결과를 얻기 위해 하는 토론이다. 피라미드토론과 원탁토론이 주로 사용된다.

두마음토론의 절차와 진행 방식

두마음토론은 남을 설득하거나 두 가지 의견을 공정하게 판결하는 토론이다. 서로 다른 입장의 대결이라는 점에서 붙인 이름이다.

3명이 한 모둠을 이루는데, 모둠을 이룬 3명 가운데 2명은 토론 주제인 논제를 놓고 찬성과 반대 입장을 맡아 토론에 참여하고, 나머지 1명은 판결한다. 인원이 남을 경우 1명은 판결자의 보조 역할을 하고, 1명은 토론 내용을 기록하면 좋다. 참여 인원이 많으면 여러 모둠으로 나눠 하면 된다.

▲두마음토론을 하는 초등학생들.

자리를 배치할 때 판결자는 중간에 앉고, 오른쪽에는 찬성 입장, 왼쪽에는 반대 입장 토론자를 마주앉게 한다.

찬반 토론자는 서로 의견을 주고받지 못하며, 판결자에게만 자신의 주장과 그 근거를 말할 수 있다. 판결자가 몸을 비스듬히 돌려 자신을 바라볼 때만 발언할 수 있다. 토론 참가자는 판결자에게 질문할 수 없으므로, 참가자 모두 의견을 집중해서 들어야 한다.

찬반 양쪽에는 모두 세 차례의 발언 기회가 주어지는데, 1회 발언 시간은 30초다. 여러 모둠이 같은 교실에서 토론할 경우 중간에 작전 시간을 가질 수 있다. 작전 시간에는 같은 편끼리 모여 의견을 정리한다. 발언 시간이 모두 끝나면 판결자는 승자의 손을 들어준다. 찬반 역할을 바꿔 여러 번 토론할 수도 있다.

마지막으로 토론 참석자들은 판결자의 판결 이유를 듣는다. 여러 모둠에서 진행한 토론 내용도 함께 나눌 수 있다.

세다토론의 절차와 진행 방식

찬반 토론의 한 방법인 세다토론은 토론 대회에서 자주 사용되는데, 자료 조사와 질문을 통해 자신의 주장을 증명하는 방식이다. 따라서 자료를 충분히 준비해 질문해야 한다.

찬반 양쪽은 두세 명씩 한 팀을 이뤄 협력한다. 상대 팀에게 몇 가지 질문을 통해 상대 주장의 잘못을 찾는 방식이므로 '교차조사토론'으로도 불린다.

토론 주제에 대한 찬반 입장은 즉석에서 결정한다. 일반적으로는 3회전으로 치러지는데, 입론(3분)→교차 조사(2분)→반론(2분)의 순서로 진행한다.

토론자들에게는 3회전까지 각자 세 차례의 발언 기회가 주어진다. 양쪽은 순서와 관계없이 3회전이 진행되는 동안 각각 3분의 작전 시간을 가질 수 있다. 작전 시간은 상대에 대응하기 위해 같은 편이 발언할 때 나눠서 신청한다. 토론자가 한 팀에 두 명일 경우 소요 시간은 34분 정도다. 토론자 4명의 발언 시간은 28분이지만, 각 팀은 3분의 작전 시간을 쓸 수 있기 때문이다.

▲세다토론을 하는 초등학생들.

1회전	2회전	3회전
찬성 1 - 입론	찬성 2 - 입론	반대 1 - 반론
반대 2 - 교차 조사	반대 1 - 교차 조사	찬성 1 - 반론
반대 1 - 입론	반대 2 - 입론	반대 2 - 반론
찬성 1 - 교차 조사	찬성 2 - 교차 조사	찬성 2 - 반론

입론 단계에서는 주장을 분명히 말하고 개념을 명확하게 정리해야 한다. '왜냐하면'이라는 말을 사용해 이유와 근거도 세 가지쯤 대고, '예컨대'라는 말을 사용해 사례도 밝힌다. 발언을 마칠 때는 "지금까지 저희는 ~을 증명했습니다."라고 말하며 마무리한다.

교차 조사를 할 때는 상대의 입론 내용에 관해 질문하는데, 2분 안에 4~5가지를 질문해 상대 주장의 허점을 공격해야 한다. 상대에게 하나씩 질문한 뒤 '예, 아니오'로 대답을 들어야 상대 주장의 허점이 드러난다. 따라서 토론의 승패가 질문 능력에 달려 있다고 보면 된다.

반론은 같은 팀 입론 내용과 관련이 있는 주장을 펴야 한다. 상대의 답변 내용을 파고들어 공격하기도 한다. 이때 새로운 주장을 펼치면 안 되고, 상대의 주장에 관해서만 반론할 수 있다.

피라미드토론의 절차와 진행 방식

피라미드토론 진행 방식			
8명	+ 8명	=	8대 8 토론
4명	+ 4명	=	4대 4 토론
2명	+ 2명	=	2대 2 토론
1명	+ 1명	=	1대 1 토론

피라미드토론은 주어진 토론 주제에 관해 전체 토론자들의 의견을 단계적으로 줄여 마지막에는 하나의 의견을 얻는 방식이다. 설득과 합의를 배우는 경우에 알맞다. 1대 1로 토론해 합의한 뒤 2대 2로 확장해 4명이 토론을 거쳐 합의한다. 또는 4대 4나 8대 8과 같은 식으로 참여 인원을 늘려 전체 인원이 절반이 될 때까지 합의한다.

예를 들면 '행복을 위한 조건'을 놓고 토론자마다 세 가지씩 의견을 적는다. 1대 1 토론은 3분 동안 6개의 의견을 갖고, 3개의 의견으로 합의하는 방식이다. 2대 2, 4대 4 토론을 거쳐 최종 두 팀의 토론에서 얻은 3가지가 대표 의견이 된다. 토론 승리는 합의한 3가지 의견 가운데 2가지 이상을 낸 팀에게 돌아간다.

각 단계에서 합의하지 못하면 다음 단계로 넘어갈 수 없다. 따라서 우선 순위와 설득과 합의를 효과적으로 배울 수 있다.

피리미드토론은 인원이 많을 때 알맞으므로, 학교나 동아리 모임에서 주로 활용한다. 예를 들어 학교 수업 시간 40분 가운데 25분을 수업한 뒤 15분을 피라미드토론으로 진행하는 것이다. 학급 인원 32명을 8명(24명인 경우 6명씩)씩 네 모둠으로 나눈다. 모둠별로 피라미드토론을 통해 합의한 뒤, 모둠 대표 4명이 합의한 내용을 발표한다.

인원이 4명만 되어도 토론이 가능하다. 참가자들은 두 단계만 토론하지만 설득과 합의를 배울 수 있다.

▲학생들이 4대 4로 피라미드토론을 하고 있다.

원탁토론의 절차와 진행 방식

원탁토론은 토론자의 의견이 다름을 인정하는 토의형 토론이다. 따라서 토론자들의 다양한 의견을 듣고 자신의 생각을 더 넓고 깊게 다듬는 데 효과적인 방법이다. 설득과 합의, 평등과 공정성을 체험하기에 좋다.

원탁토론의 자리 배치는 원형이 바람직하지만, 서로 얼굴을 모두 볼 수 있는 '디귿(ㄷ)자'나 '브이(V)자' 형태도 괜찮다. 토의(1차 발언 2분)→논쟁(차수 발언 2분)→토의(마무리 발언 1분) 순서로 진행한다. 사회자는 시간을 재며 다음 차수를 알려 준다.

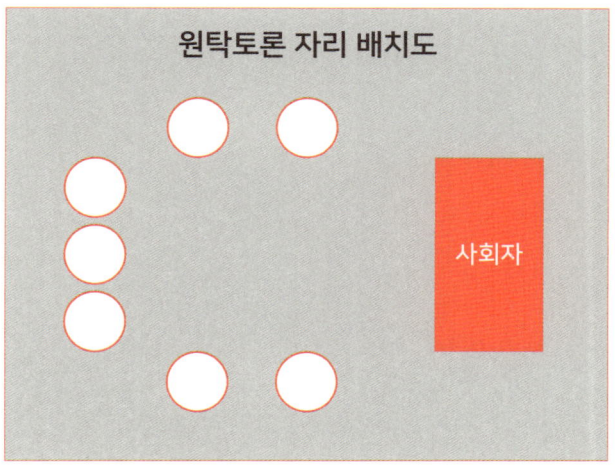

1차 발언에서는 토론자가 자신의 주장과 근거를 말한다. 모든 토론자는 순서에 상관없이 한 번씩 발언할 수 있다. 발언자가 없을 경우 이전 발언자가 다음 발언자를 지명한다.

차수 발언은 다른 토론자의 주장과 근거의 문제점을 지적하고 질문과 답변을 하는 방식이다. 2~4차 등으로 발언이 이어진다. 토론자들은 돌아가면서 반론과 질문을 한 뒤 답변은 다음 차수에 생각을 정리해 하는 것이 좋다.

▲원탁토론 대회에 참가한 초등학생들.

토론자들은 한 차수에 한 번만 발언한다. 차수를 바꾸면 모든 토론자들에게 다시 발언 기회가 주어진다. 마무리 발언에서는 모든 토론자가 그동안의 토론 내용을 종합하고 심화한다. 토론자는 자신의 생각이 토론 과정에서 달라졌을 경우 솔직하게 말해도 된다.

01 신문 읽기 성적 올리기

▲ 충북 제천의 남당초등학교 학생들이 학교에서 운영하는 '신문읽기반'에 참가해 자신이 만든 활동지를 보여 주고 있다.

어릴 적부터 신문을 꾸준히 읽을수록 공부도 잘하고 직업적으로 성공한다는 연구 결과가 나왔습니다. 신문을 보는 과정에서 독해력과 어휘력이 향상되고 배경 지식이 풍부해지기 때문입니다. 그런데 우리나라는 신문을 읽는 어린이들이 점점 줄어들고 있습니다. 어린이들이 신문을 읽으면 좋은 점과 신문을 즐겨 읽을 수 있는 방법을 공부합니다.

이런 걸 공부해요

이슈 신문 읽으면 성적 오른다
- ◆ 신문 읽을수록 수능 성적 높고 성공 가능성 커
- ◆ 신문 읽으면 배경 지식 늘고 독해력 향상

토론 신문 어떻게 읽을까
- ◆ 흥미 있는 기사부터 골라 읽으며 습관 들여야
- ◆ 기사 읽고 일기도 쓰고 배경 지식도 키워요

이슈: 신문 읽으면 성적 오른다

신문 읽을수록 수능 성적 높고 성공 가능성 커

▲ 신문을 읽는 학생은 그렇지 않은 학생보다 학습 능력이 좋은 것으로 조사되었다.

신문을 꾸준히 읽는 학생이 그렇지 않은 학생보다 성적이 더 높고 사회에서 성공할 가능성이 큰 것으로 나타났다. 이 같은 사실은 한국직업능력개발원이 과거 11년 동안 학생 4000명을 추적 조사해 최근 발표한 결과에서 나타났다. 조사 자료에 따르면 매일 5~10분씩 신문을 읽은 학생이 그렇지 않은 학생보다 대학수학능력시험 과목별 평균 점수가 3~4점씩 높았다. 나아가 신문을 꾸준히 읽은 학생이 직업을 구할 때도 평균 임금이 더 높은 직장에 취직했다.

똑같은 양의 책을 읽은 학생을 비교했을 때도 신문을 구독한 학생이 모든 과목에서 수능 성적이 더 높았다. 이는 신문 구독이 독서와 상관없이 성적을 올리는 데 긍정적인 영향을 끼쳤음을 의미하는 것이다.

하지만 상황이 이러한데도 신문을 읽는 학생은 갈수록 줄고 있다. 최근 통계청 조사에 따르면 청소년 10명 가운데 3명만 종이 신문을 본다고 대답했다. 전문가들은 인쇄 매체 대신 영상 매체를 선호하는 분위기와 짧은 시간에 쉽게 읽을 수 있는 것을 좋아하는 성향 때문에 신문을 보는 학생이 감소하는 것으로 풀이했다. 그리고 공부에 쫓겨 시간을 내지 못하는데다, 신문에 나오는 단어나 내용이 어려운 것도 신문 읽기를 기피하는 요인으로 분석되었다.

조선일보 기사 등 참조

이런 뜻이에요

한국직업능력개발원 직업 교육 훈련을 활성화하고, 국민의 직업 능력을 향상시키기 위해 나라에서 만든 연구 기관.
대학수학능력시험 우리나라의 대학에 입학해 공부할 수 있는지 평가하는 시험.
인쇄 매체 정보 전달이나 광고를 위해 활자로 찍혀 나오는 신문, 잡지, 서적 등의 매체.
영상 매체 정보 전달이나 광고를 위해 TV처럼 영상, 문자, 소리를 복합적으로 사용하는 매체.

이슈

신문 읽으면 배경 지식 늘고 독해력 향상

신문은 매일 일어나는 다양한 사건과 현상을 독자들에게 정기적으로 전달한다. 매일 나오는 일간 신문의 경우 하루 동안 벌어진 일들을 신속하게 전달하기 때문에 생생한 정보를 얻을 수 있다. 또 매일 발행되므로 사건이 일어난 뒤에도 그 원인과 사회에 미치는 영향 등을 분석해 주기 때문에 사회를 이해하는 데 큰 도움을 준다. 방송 뉴스는 원하는 것만 골라 보기 어렵지만, 신문은 분야별로 나뉘어 있는데다 제목을 통해 내용을 짐작할 수 있으므로 필요한 정보만 골라 읽을 수 있는 장점도 있다. 사설과 독자 의견란을 통해 다양한 시각의 의견을 깊이 있게 접할 수 있다는 것도 장점이다.

신문 기사는 정리가 잘된 글이므로 꾸준히 읽다 보면 글을 쓰는 능력은 물론 독해력도 향상된다. 다양한 분야의

▲ 스마트폰을 개발한 미국 애플사의 창업자인 스티브 잡스(1955~2011)의 사망 소식을 전하는 10월 7일자 기사들. 같은 사건을 다뤘는데도 신문마다 제목과 사진이 다르다.

어휘도 접할 수 있어 어휘력이 향상된다. 기사의 특성상 사건의 내용을 깊이 알 수 있기 때문에 문제 해결 능력과 분석력도 기를 수 있다. 세상의 다양한 면을 알 수 있으므로 간접 경험을 통해 상황을 이해하는 힘이 길러지고 사고력도 커진다.

무엇보다 배경 지식이 풍부해져 기사의 제목만 보고 내용을 예상할 수 있는 능력이 생기는데다, 자신감이 붙어 학습에도 재미를 느끼게 된다.

한국일보 기사 등 참조

이런 뜻이에요

사설 최근에 일어난 사회 현상에 관해 신문사의 주장이나 의견을 제시하는 글.

> 토론

신문 어떻게 읽을까

흥미 있는 기사부터 골라 읽으며 습관 들여야

신문 읽기에 습관이 들지 않으면 처음부터 매일 읽기란 쉽지 않다.

따라서 전문가들은 초등학생의 경우 신문 읽기를 처음 시도할 때 구독할 신문을 정한 뒤 적어도 일주일에 세 번, 한 번에 최소 10~15분씩은 보는 게 좋다고 조언한다. 그리고 처음부터 신문 전체를 꼼꼼히 읽으려는 생각을 버리고, 한 장 한 장 넘기며 마음에 드는 기사부터 골라 읽는 것이 읽는 습관을 붙이는 데 효과적이라고 한다.

제목을 살피면 흥미를 끄는 기사를 쉽게 찾을 수 있다. 제목은 내용이 압축적인데다 한자말이나 어려운 용어가 자주 쓰이므로, 모르는 단어가 보일 때마다 사전을 찾아 익힌다.

기사를 읽고 난 뒤에는 반드시 읽은 내용을 정리한다. 기사를 스크랩해 노트 등에 붙인 뒤 그 아래에 내용을 요약하거나 읽을 때 든 느낌을 적는다. 내용이 어려울 경우 부모님에게 물어 이해하는 것이 좋다.

▲ 어린이를 위한 신문은 기사 내용을 어린이 눈높이에 맞추기 때문에 읽어 내기 쉽다.

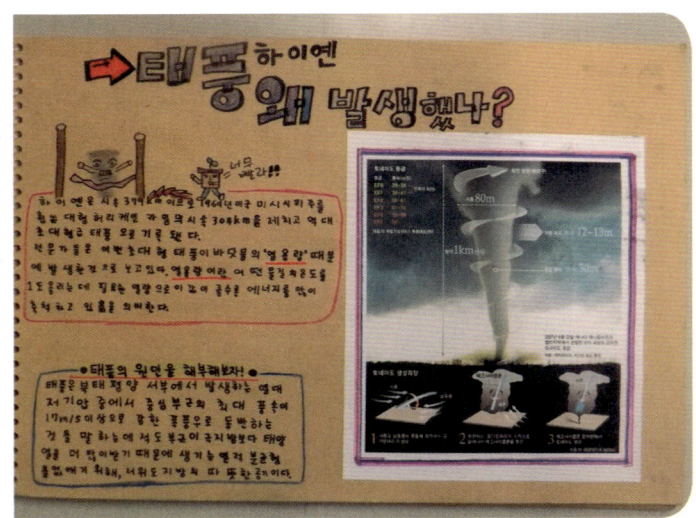
▲ 신문 기사를 읽고 해설하는 활동.

기사의 제목을 다는 것도 좋은 활동이다. 기사를 골라 제목을 가린 뒤 내용을 꼼꼼하게 읽고 나서 어울리는 제목을 다는 것이다.

한 달 정도 기간을 정해 가장 인상 깊었던 뉴스를 5개 정도 뽑아 '이 달의 뉴스'로 정하는 활동도 뉴스의 가치를 판단하는 눈을 기를 수 있어 유익하다.

중앙일보 기사 등 참조

토론

기사 읽고 일기도 쓰고 배경 지식도 키워요

초등학생들은 집과 학교, 학원을 오가는 생활에서 좀처럼 벗어나지 못한다. 따라서 일기를 쓰더라도 항상 같은 이야기가 반복되고, 새로운 소재나 시각을 기대하기 어렵다.

이때 신문 기사를 활용하면 쓸거리도 풍부해지고 배경 지식도 키울 수 있다. 나아가 국내 뉴스뿐만 아니라 해외 뉴스도 접하게 되므로 시각도 넓어진다. 특히 직업에 관련된 이야기도 많이 나오므로 일찍부터 진로에도 눈을 뜰 수 있다.

신문 일기를 쓸 때는 먼저 마음에 드는 기사를 골라 스크랩한 뒤 기사 내용을 요약한다. 그리고 그 뒤에 자신의 의견을 덧붙이는 게 기본이다. 모르는 단어의 경우 옆에 따로 찾아 정리한다.

▲ 신문 일기 쓰는 방법을 배우는 초등학생들.

미담 기사에서는 본받을 점을 위주로 적고, 사회 문제가 된 사건이나 사고 기사에서는 그 원인과 고쳐야 할 점 등을 생각해 적으면 된다. 이런 활동이 어느 정도 익숙해지면 기사 내용을 만화로 표현하거나 가상 인터뷰 기사 쓰기 등 다양한 방식으로 접근할 수 있다.

▲ 학생들이 쓴 신문 일기.

신문에 등장한 인물들 가운데 자신이 바라는 직업을 가진 사람들의 기사를 찾아 모으며 공통점과 차이점을 분석해도 좋다. 환경이나 독서, 역사처럼 흥미가 있는 주제를 모아 주제 일기를 작성할 수도 있다.

중앙일보 기사 등 참조

생각이 쑥욱

1 아래 여섯 가지 질문에 답하며 자신의 신문 읽기 습관을 점검해요.

집에서 신문을 정기적으로 받아 본다.	예 / 아니오
신문을 매주 세 번 이상 읽는다.	예 / 아니오
신문에서 모르는 단어가 나오면 어른에게 묻거나 사전을 찾는다.	예 / 아니오
내가 관심 있는 기사를 찾아 모은다.	예 / 아니오
요즘 화제가 되는 일을 알기 위해 신문을 찾은 적이 있다.	예 / 아니오
신문 일기를 쓴 적이 있다.	예 / 아니오

☞ '예'가 5~6개인 경우 : 신문 읽기 우등생입니다.
☞ '예'가 3~5개인 경우 : 조금만 더 노력하세요.
☞ '예'가 2개 이하인 경우 : 신문과 더 친해 보세요.

2 신문을 읽으면 성적이 오르는 까닭을 세 가지만 말해요.

3 신문의 구성 요소를 알면 신문을 더 잘 읽을 수 있습니다. 10쪽의 기사가 어떻게 이뤄졌는지 찾으세요.

☞ 표제나 부제, 전문 등 각 부분에서 시작하는 문장의 첫 단어와 끝나는 문장의 마지막 단어를 적으세요.

표제	
부제	
전문	
본문	
해설	

머리에 쏘옥

신문의 구성 요소

▲ 신문 기사

신문을 구성하는 요소는 크게 기사, 사진, 광고, 만화, 그래픽 자료 등이 있습니다.

신문을 분야별로 나누면 정치면, 경제면, 사회면, 인물면, 생활면, 스포츠면, 문화면, 국제면 등이 있지요. 또 분야와 상관없이 그날의 가장 중요한 기사를 싣는 종합면과 사설이나 칼럼, 독자 의견을 싣는 오피니언난(의견란) 등이 있습니다.

신문에서 가장 많이 차지하는 기사는 일반적으로 표제, 부제, 전문, 본문으로 구성됩니다. 필요에 따라 뒤에 해설을 덧붙이기도 합니다.

표제는 기사문 전체의 제목인데, 내용을 짧게 줄여 나타냅니다.

부제는 표제로만 기사를 압축할 수 없을 경우 표제에 붙여 보충하는 제목인데, 표제보다 작은 글씨로 씁니다.

전문은 기사 내용을 요약해 보여 주는 부분입니다. 육하원칙에 맞춰 작성합니다.

본문은 기사의 몸통 부분이므로 전문에 적힌 내용을 풀어서 구체적으로 씁니다.

해설은 독자의 이해를 돕기 위해 글쓴이의 설명이나 참고 사항을 덧붙이는 부분입니다.

생각이 쑤욱

4 신문의 장점을 넣어 신문 읽기를 권장하는 포스터를 만들어요.

▲ 한국신문협회가 주최하는 신문의날 포스터 공모전 수상작.

머리에 쏘옥

신문 구독의 장점

핀란드의 한 대학 연구진이 최근 15세 이상 학생들을 대상으로 조사했더니, 신문을 자주 읽을수록 읽기 과목뿐 아니라 수학과 과학 과목에서도 성적이 높았다고 합니다.

연구진에 따르면 신문을 거의 매일 읽는 집단은 거의 읽지 않는 집단보다 읽기 과목은 약 12퍼센트(100 가운데 12), 수학은 8퍼센트, 과학은 9퍼센트씩 각각 더 높은 점수를 받았습니다.

흔히 신문을 읽으면 국어나 사회 실력이 오를 것으로 생각하지만, 과학이나 수학 실력도 부쩍 향상된다는 것입니다.

핀란드의 29세 이하 청년층을 대상으로 조사한 결과에서는 신문 구독자의 71퍼센트가 투표를 하고, 신문을 구독하지 않는 사람은 40퍼센트만 투표한다는 결과가 나와 화제가 되었습니다. 신문을 꾸준히 보는 사람이 사회 문제에 관심도 크고, 투표와 같은 시민의 권리를 행사하는 데도 적극적이라는 것이죠.

5 신문 기사와 TV 뉴스의 공통점과 차이점을 두 개씩 들고, 신문 기사가 TV 뉴스보다 좋은 점을 1분 동안 설명하세요.

	신문 기사	TV 뉴스
공통점		
차이점		
신문 기사의 장점		

생각이 쑤욱

6 일반 일기와 비교해 신문 일기의 장점을 세 가지만 들어요.

7 올해에는 특별한 주제를 정해 관련 기사를 읽은 뒤 신문 일기를 쓰려고 해요. 계획표를 만들어요.

올해의 신문 일기 계획서

구분	내용
일기 이름	
쓰는 횟수	1주일에 ( )회
읽을 신문	
선정한 주제	
주제를 선정한 까닭	
일기에서 할 주요 활동	

머리에 쏘옥

신문으로 독서 활동하기

신문의 각 구성 요소의 형식을 활용해 독후 활동을 하면 책의 내용을 더 잘 이해하고, 자신의 생각을 표현하는 데 효과적이랍니다.

예를 들어 책의 내용을 기사 형식으로 정리해도 됩니다. 책에 나오는 주요 사건을 기사처럼 표현하는 것이죠. 사건을 있는 그대로 적거나 사건의 원인과 결과, 앞으로 미칠 영향을 분석한 해설 기사를 쓸 수도 있습니다.

책에서 비슷한 사건이 계속 일어날 경우 과거 사건을 표로 정리해 기사 옆에 덧붙이면 책의 내용을 이해하는 데 도움이 됩니다.

신문에 나온 사진들 가운데 책의 내용을 표현할 수 있는 것을 골라 보는 것도 도움이 됩니다.

신문의 책 광고 코너나 새 책 소개 코너를 참고해 자신이 읽은 책을 광고하는 활동도 할 수 있습니다.

등장 인물 가운데 한 명을 골라 인터뷰 기사를 쓰거나, 인물의 생애를 정리해 특집 기사를 만들어도 됩니다.

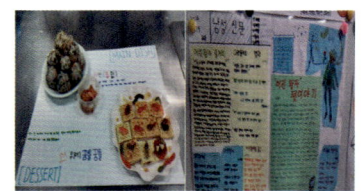

▲ 신문의 구성 요소를 활용해 독후 활동을 한 사례.

> 행복한
> 논술

우리나라 어린이들은 신문을 잘 읽지 않습니다. 그런데 최근 한 조사에서 어릴 적부터 신문을 꾸준히 읽을수록 공부도 잘하고 직업적으로 성공한다는 결과가 나왔습니다. 신문을 읽으며 독해력과 사고력을 키우고, 배경 지식도 갖춰 학습 능력이 크게 향상되기 때문입니다. 신문을 꾸준히 읽으려면 습관을 들이는 일이 중요합니다. 따라서 자신이 좋아하는 분야의 기사부터 읽으며 흥미와 성취감을 느끼는 것이 좋습니다. 신문 기사를 활용해 신문 일기를 쓰거나 여러 가지 교육적인 활동을 하는 것도 효과적입니다. 무엇보다 신문을 읽은 뒤 내용을 정리하는 자세가 중요합니다.

신문을 읽으면 성적이 오르는 까닭을 설명하고, 친구들에게 앞으로 신문 일기를 쓰자고 권하는 글을 써 보세요(500~600자).

02 '화성 신도시'에서 살아 볼까

▲ 화성 이주 계획을 추진하는 네덜란드의 '마스원'이 만든 화성 개발 계획 그림.

    미국의 전기 자동차를 만드는 회사의 회장은 2030년까지 화성에 유인 우주선을 보내 자립 도시를 만들겠다는 계획을 밝혔습니다. 이런 가운데 화성에서 물이 흐른다는 증거가 발견되며, 화성에 생명체가 있는지에 관심이 커졌습니다. 생명체가 살려면 물이 꼭 필요하기 때문이지요. 화성은 태양계 행성들 가운데 지구와 크기와 환경이 가장 비슷해 사람이 살 수 있는 가능성이 큽니다. 화성의 특징과 화성을 탐사하는 까닭을 알아봅니다.

📰 이런 걸 공부해요

이슈 지구를 빼닮은 화성

◆ 화성에 물 있다…생명체 있을 가능성
◆ 지구와 닮은 점 많아… 대기에 산소는 없고 추위

토론 화성 탐사 어디까지 왔나

◆ 지구에 위기 닥치면 화성에서 살기 위해 탐사
◆ 2021년엔 유인 우주선 발사… 이주자도 신청받아

이슈 **지구를 빼닮은 화성**

화성에 물 있다… 생명체 있을 가능성

화성에 액체 상태의 물이 흐른다는 사실이 밝혀졌다. 생명체가 있을 가능성이 아주 커진 것이다. 나사(NASA, 미국 항공우주국)는 2015년 9월 28일(현지 시간) 기자 회견을 통해 "화성에 소금이 섞인 물이 하천처럼 흐르고 있다는 증거를 알아냈다."고 발표했다.

나사는 화성 주변을 도는 인공위성이 찍은 화성 표면 사진을 관찰했다. 그랬더니 계절에 따라 일부 지역에서 어두운 색을 띠는 부분이 계속 나타났다가 사라지는 모습을 발견했다. 이런 부분은 주로 따뜻한 날씨가 지속될 때 보였는데, 이것이 바로 물이 흐르는 증거라는 것이다.

나사는 화성이 영하 23도나 되는데도 물이 얼지 않은 까닭은 물에 소금이 많이 녹아 있기 때문이라고 말했다. 한겨울에도 바닷물이 잘 얼지 않는 것과 같다.

▲ 화성의 표면. 위 사진의 표면에서 어두운 녹색을 띤 부분은 화성에서 물이 흐르는 곳이고, 아래 사진은 물이 흐른 흔적을 나타낸다.

화성에 물이 있었던 흔적을 발견한 것은 2000년이고, 얼음 형태로 존재함을 확인한 것은 2008년이다. 하지만 액체 상태의 물이 지금도 흐른다는 증거가 나온 것은 이번이 처음이다.

화성에서 물이 발견되면서 생명체가 존재할 가능성은 더욱 커졌다. 액체 상태의 물은 생명체가 존재하는 데 꼭 필요하기 때문이다. 또 앞으로 사람이 화성에서 생활할 때도 중요한 자원이 된다.

조선일보 기사 등 참조

이런 뜻이에요
인공위성 행성의 둘레를 돌도록 로켓을 이용해 쏘아올린 인공 장치.
나사 미국의 모든 우주 개발 계획을 추진하기 위해 1958년에 미국 정부에서 만든 곳.

이슈

지구와 닮은 점 많아… 대기에 산소는 없고 추워

화성은 태양계의 네 번째 행성이다. 지구와 가까이에 있고, 닮은 점도 많아 '제2의 지구'로 불린다.

화성의 1일은 지구와 비슷한 24시간 37분이고, 1년은 687일로 긴 편이다. 지름은 지구의 절반 정도(6788킬로미터)며, 무게는 10분의 1쯤 된다. 중력은 지구의 3분의 1 수준으로, 약한 편이다. 자전축이 기울어진 정도는 지구(23도)와 비슷한 25도며, 사계절의 변화가 있다. 자연 위성은 두 개다.

표면의 온도는 지역에 따라 영하 140도부터 영상 20도까지 다양하다. 밤낮의 온도 차가 100도에 이르는 곳도 있다. 지구처럼 적도 부근의 온도가 가장 높고, 남극이나 북극으로 갈수록 춥다. 남극과 북극에는 두께 2미터에 이르는 얼음이 쌓여 있고, 눈이 내리는 모습도 볼 수 있다.

▲ 철분이 많이 포함되어 붉게 보이는 화성(위 사진)과 가는 모래로 이뤄진 화성 표면의 모습(아래 사진).

화성에는 지구처럼 충분하지는 않지만 물도 있고, 대기도 엷게 존재한다. 대기의 성분은 대부분이 이산화탄소여서 사람이 숨을 쉴 수는 없다.

표면은 붉은색을 띤다. 철분이 많이 포함된 가는 모래로 이루어져 있기 때문이다. 폭풍이 칠 때는 그 모래가 화성 전체를 뒤덮는다. 화성의 표면 흙에는 물이 섞여 있으며, 땅 밑에도 얼음 형태의 물이 있을 것으로 보고 있다.

동아일보 기사 등 참조

이런 뜻이에요

행성 태양과 같은 스스로 빛을 내는 별(항성) 주위를 도는, 스스로 빛을 내지 못하는 천체. 태양계에는 지구와 화성 등 8개가 있다.
중력 지상의 물체를 지구(화성)로 끌어당기는 힘.
적도 지구의 남북 양극에서 같은 거리에 있는 지구 표면의 점을 이은 선.

토론 | 화성 탐사 어디까지 왔나

지구에 위기 닥치면 화성에서 살기 위해 탐사

▲ 화성에 지을 집을 상상해 그린 그림. 집안에서 식물을 길러 먹을 수 있도록 온실을 갖췄다.

"2030년까지 유인 우주선을 화성에 보내 자립 도시를 만들겠다."

전기 자동차를 만드는 미국 회사인 테슬라모터스의 엘론 머스크 회장의 꿈이다. 그는 환경 오염과 온난화, 자원 부족 등 때문에 지구에 위기가 닥칠 것을 예상해 이와 같은 일을 2002년부터 추진하고 있다.

화성은 태양계에서 지구를 빼고 생명체가 살기에 가장 알맞은 환경이다. 그리고 사람들이 우주를 여행할 때 달 다음으로 갈 만한 곳이다. 화성은 2년에 한 번씩 지구에 가장 가깝게 다가오는데, 이때에 맞춰 우주선을 띄울 경우 6~7개월이면 도착할 수 있다.

앞으로 지구에 문제가 생겨 사람이 살기 어려울 때 화성으로 옮겨 살 수도 있는 것이다. 그런데 사람이 화성에서 살려면 불충분한 대기 문제와 낮은 온도, 약한 중력, 식량 문제 등 해결해야 할 과제가 많다.

하지만 전문가들은 불가능한 일은 아닐 것으로 보고 있다. 화성에 무인 우주선을 보내 집과 장비를 내려놓은 뒤, 유인 우주선을 타고 도착한 사람들이 바로 사용할 수 있게 한다는 것이다.

화성에는 다행히 물이나 수소 등 사람이 생명을 유지하는 데 필요한 대부분의 원료가 있다. 이것을 이용해 산소를 만들고, 필요한 에너지도 생산하면 된다.

조선일보 기사 등 참조

토론

2021년엔 유인 우주선 발사… 이주자도 신청받아

▲ 나사 등이 개발 중인 화성 착륙 유인 우주선 오리온호.

　미국은 1965년 화성 탐사선 '마리너 4호'부터 시작해 2012년에는 화성 탐사 로봇 '큐리오시티'에 이르기까지 40여 차례에 걸쳐 화성을 탐사했다.

　탐사선은 화성 주변을 돌며 정보를 모으는 것과 화성에 착륙해 정보를 모으는 두 종류가 있다. 미국이 보낸 4대의 탐사선은 화성에 착륙해 표면 사진을 찍어 보냈고, 모래의 성분을 분석해 물이 있음을 알리기도 했다. 미국에서 2020년에 발사하는 탐사 로봇 '로버'는 화성의 생명체에 관한 정보를 모을 예정이다.

　화성에서 사람이 살게 하려면 사람과 장비를 보내는 계획이 뒷받침되어야 한다. 이에 따라 미국 등 주요 선진국들은 유인 우주선과 로봇 개발에 힘을 쏟고 있다. 이 가운데 미국은 유인 우주선 '오리온호'를 2021년에 발사할 계획이다. 오리온호가 목표를 달성하고 돌아오면 화성에 사람을 본격적으로 보낸다.

　개인이 만든 회사에서 화성 탐사에 나서는 예도 있다. 미국의 엘론 머스크 회장이 세운 우주 수송 업체(스페이스X)는 화성에 핵폭발을 일으켜 온도를 높인 뒤 자립 도시를 만들겠다는 계획을 발표한 바 있다. 네덜란드의 화성 이주 계획 업체(마스원)는 2026년부터 화성에 가서 살 사람을 모으는 광고를 냈다.

동아일보 기사 등 참조

생각이 쑤욱

1 지구와 화성의 특징을 비교해 표로 정리해요.

	지구	화성
크기		
1일의 길이		
자전축 기울기		
중력		

2 화성에서 흐르는 물이 발견된 사실이 사람들에게 왜 중요한가요?

3 화성의 표면은 모래와 큰 바위로 덮여 있는데다 모래 폭풍이 자주 불어 무인 탐사 로봇이 다니기에 아주 어렵습니다. 탐사 로봇이 어떤 조건을 갖춰야 제대로 탐사할 수 있을지 그림으로 그린 뒤, 탐사 로봇의 특징을 설명하세요.

☞바위나 모래 위를 지나가다 뒤집어져도 다시 일어날 수 있는 바퀴 등을 생각해 보세요.

▲ 화성의 표면.

머리에 쏘옥

화성의 생명체

옛날 사람들은 화성의 붉은 빛에서 피와 전쟁을 떠올렸습니다. 화성의 밝기나 크기에 따라 나라에 좋지 않은 일이 일어난다고 믿었지요.

망원경 등 천문 관측 기술이 발달하면서, 천문학자 가운데는 화성 표면의 계곡과 골짜기를 보고 외계인이 일부러 운하를 판 흔적이라 믿어 화성에 외계인이 산다고 주장하기도 했습니다. 그리고 화성인을 등장시킨 소설이 인기를 끌자 화성에 생명체가 존재할 것이라는 기대감이 더욱 커지게 되었습니다.

그러나 1971년 미국의 '마리너 4호'가 화성을 돌면서 촬영해 지구로 보내온 사진을 분석한 결과 화성에 운하는 존재하지 않는다는 사실이 밝혀졌습니다. 1976년 화성에 착륙한 '바이킹 1호'와 '바이킹 2호'의 실험 결과에서도 생물체의 존재를 찾는 데는 실패했지요.

그런데 1984년 화성에서 날아온 운석에서 미생물로 보이는 생명체의 흔적이 발견돼 과학자들의 연구가 활발해졌답니다.

생각이 쑤욱

4 지구인이 화성에서 산다면 어떤 어려움이 닥칠까요?

호흡	
바깥 활동	
식량	
기타	

5 사람들이 화성 등 다른 천체에 생명체가 존재하는지 연구하는 까닭은 무엇인가요? 그리고 화성에서 생명체가 발견된다면 지구인들의 생각이 어떻게 바뀔지 아는 대로 들어 보세요.

머리에 쏘옥

영화 '마션'

2015년 개봉된 미국 영화 '마션'(감독 리들리 스콧)은 식물학자이자 기계공학자인 마크 와트니가 화성에서 조난을 당해 겪는 일을 그렸습니다.

화성 탐사대 소속인 마크는 탐사 도중 강력한 모래 폭풍에 휘말려 길을 잃고 실종됩니다. 마크의 동료들은 마크가 죽었다고 생각하고 화성을 떠나 버렸지요. 마크는 31일치의 식량을 가지고 화성에서 살아남기 위해 노력합니다. 소변을 걸러 식수로 쓰고, 대변은 거름으로 만들어 감자 농사를 짓는 데 씁니다. 화성에 많은 수소와 조금 있는 산소를 이용해 물을 만듭니다. 모래 폭풍이 불 때마다 거주 모듈(우주인이 머무는 조립식 건물)에서 나가지 않고 폭풍이 멎기를 기다렸습니다. 그렇게 마크는 500일 동안 화성에서 살아남을 수 있었지요.

영화에 등장하는 우주복, 실험 장비, 마크가 생활하는 우주 주택 등은 모두 실제 연구를 바탕으로 만들어졌답니다.

화성에서 산소를 만들고 식물을 키우는 것은 나사가 추진 중인 화성 이주 계획의 일부입니다.

▲ 화성에서 생활하는 마크.

생각이 쏘옥

6 지구를 떠나 화성에 가서 살 생각이 있나요? 그렇다면 왜 그런지 세 가지만 들어보세요. 그럴 생각이 없다면 어떤 상황이 생기면 화성에서 살지 세 가지만 들어보세요.

▲ 화성에 지을 집을 상상해 그린 그림. 집안에서 식물을 길러 먹을 수 있도록 온실을 갖췄다.

1.

2.

3.

머리에 쏘옥

화성 이주 계획

네덜란드의 마스원이 추진하는 화성 이주 계획이 화제가 되고 있습니다. 화성에 한 번 이주하면 지구로 다시 돌아오지 못하기 때문이죠.

마스원은 2020년에 무인 로봇 탐사선을 보내 정착 기지를 확보하고, 2026년부터 화성에 사람을 보낼 계획이랍니다.

화성에서 사람이 살 수 있는지 확인되지도 않았는데, 화성으로 이주할 우주인 24명을 뽑는 광고에 20만 명의 지원자가 몰렸다고 합니다.

이들의 도전 정신을 높게 평가하는 이들도 있습니다. 아직 모르는 게 훨씬 더 많은 우주에서는 무모해 보이는 모험 없이는 발전할 수 없기 때문이지요.

이주 계획에 반대하는 사람들은 아직 인간을 화성에 남기는 것은 이르다고 말합니다. 화성이 생명체가 살기엔 기온과 대기 등 자연 환경이 너무나 맞지 않기 때문이지요. 따라서 대책도 없이 사람을 화성에서 살게 하려는 계획은 살인 행위나 다름없다고 주장합니다.

7 화성을 탐사하려면 돈이 많이 듭니다. 화성을 탐사하는 돈으로 지구의 어려운 사람들부터 도와야 한다는 주장을 놓고 내 생각을 말해 보세요.

화성을 탐사해야 한다	어려운 사람을 도와야 한다

행복한 논술

화성에서 소금물이 흐르는 증거가 발견되면서 생명체가 존재할지에 관심이 집중되고 있습니다. 또 사람이 화성으로 옮겨 살 수 있는 가능성도 커졌습니다. 화성은 지구에서 가까운데다 많은 점이 지구와 닮았습니다. 사람들이 화성을 탐사하는 까닭은 생명체가 존재하는지 알고, 지구에서 부족한 자원을 발견하기 위함입니다. 또 지구에 문제가 생겨 사람이 살기 어려울 때 옮겨 살 수 있도록 하려는 목적도 있습니다.

화성의 여러 특징을 설명하고, 인류가 화성을 탐사하는 까닭을 밝히세요(500~600자).

03 넘어져야 일어설 수 있다

▲최성화(왼쪽) 양은 동생에게 읽히려고 13세의 어린 나이에 독도 그림책을 출판했다. 이재준(13, 가운데) 군과 박주영(12, 오른쪽) 군은 게임을 좋아해 수학 게임 만들기에 도전했다.

조희옥 할머니는 81세의 나이에도 대학에 들어가 디자이너가 되려는 목표를 가지고 수능에 도전했습니다. 그러나 요즘 학생들은 도전 정신이 약해져 조금만 어려워도 쉽게 포기하고, 새로운 일은 아예 피하는 경우가 많습니다. 우리 사회에서 도전 정신이 약해진 원인을 찾고, 도전 정신을 키울 방법을 알아봅니다.

■ 이런 걸 공부해요

이슈 도전이 없으면 발전도 없어
- 나이나 신체 장애는 도전에 문제 안 돼
- 도전 정신은 사회 발전과 개인 성장의 힘

토론 도전 정신을 키웁시다
- 자신의 장단점부터 알고 도전 목표 세워야

이슈 도전이 없으면 발전도 없어

나이나 신체 장애는 도전에 문제 안 돼

2014년에 81세의 조희옥 할머니가 대학수학능력시험(이하 수능)에 도전해 화제가 되었다. 할머니는 어렸을 적에 집안 형편이 어려워 초등학교밖에 다니지 못했다. 배우지 못한 것이 늘 마음에 걸려 79세에 중학교부터 다니기 시작했다. 학교에 가려면 버스를 세 번이나 갈아타야 했지만, 한 번도 결석하지 않았다. 할머니는 60년 동안 봉제 공장에서 일한 경험을 살려 우리 전통 의상 디자이너가 되는 게 목표다.

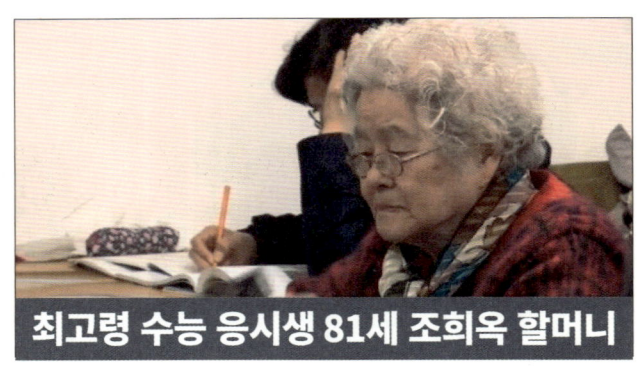
▲조희옥 할머니는 의상학과에 들어가 디자이너가 되었으면 좋겠다고 말했다.

도전이란 새롭거나 어려운 일을 시도하는 것이다.

장애를 딛고 인간의 신체적 한계에 도전한 사람들도 있다. 2015년 1월 미국의 토미 콜드웰(36)과 케빈 조거슨(30)은 캘리포니아주에 있는 요세미티 국립공원의 암벽 '엘캐피턴'을 세계에서 처음 맨손으로 등반하는 데 성공했다. 콜드웰이 손가락 하나를 잃는 사고를 당했을 때 의사는 암벽 등반을 하지 말라고 했지만 포기하지 않았다. 그는 "역경이 닥칠수록 열정이 불타올랐다"며 "도전은 인생을 짜릿하게 사는 방법."이라고 말했다.

전문가들은 "안정된 삶을 원하는 사회 분위기 때문에 도전 정신이 약해졌다"며 "학생들도 부모의 영향을 받아 새로운 것은 꺼리고, 조금만 어려워도 쉽게 포기해 문제."라고 지적했다.

▲암벽을 오르는 콜드웰(위쪽 사진)과 그가 오른 암벽 모습.

서울경제 기사 등 참조

이슈

도전 정신은 사회 발전과 개인 성장의 힘

2014년 12월 개봉된 우리 영화 '국제시장'(감독 윤제균)의 주인공 덕수는 가족을 먹여 살리기 위해 독일로 건너가 광부가 된다. 전쟁이 한창인 베트남에 가서 목숨을 걸고 장사도 한다. 덕수의 도전은 가족을 가난에서 벗어나게 했고, 우리나라의 경제 발전에도 도움이 됐다.

도전은 새로운 기술 개발에도 큰 역할을 한다. 모두가 안전한 일만 했거나 남이 했던 일을 따라 했다면 비행기나 우주선은 나오지 않았을 것이다. 스스로 자기 분야에서 어려운 일에 도전했기 때문에 생활이 편리해지고, 사회가 발전할 수 있었던 것이다.

전문가들은 우리 사회의 도전 정신이 약해진 까닭이 불확실하거나 위험한 일은 피하고, 편안하게 살기를 바라는 사람들이 늘어났기 때문이라고 지적했다. 특히 부모들은 인기 대학을 나오면, 안정된 직장을 얻기 쉽다고 생각해 자녀들에게 공부만 강요한다. 또 자녀의 요구를 다 들어줘 목표가 없는 학생도 많아졌다.

이렇게 되면 사회는 퇴보한다. 도전해야 성장할 수 있다. 도전하는 과정에서 인내심을 기를 수 있고, 성취의 기쁨도 맛볼 수 있다. 조그만 목표에 도전해 성공 경험이 쌓이다 보면 목표 달성 기술이 좋아지고 큰 꿈도 이룰 수 있게 된다.

▲영화 '국제시장'의 한 장면. 덕수는 목표가 뚜렷했기 때문에 전쟁터의 두려움을 극복할 수 있었다.

▲우주비행사가 우주 유영을 하며 맡은 일을 하고 있다. 이들 도전자 덕분에 우주에 관해 알게 되었다.

국민일보 기사 등 참조

토론 도전 정신을 키웁시다

자신의 장단점부터 알고 도전 목표 세워야

미국의 라이트 형제는 새처럼 날고 싶은 목표가 있었기 때문에 1903년 세계 최초로 비행기를 만들어 시험 비행에 성공할 수 있었다.

성공한 사람들의 공통점은 목표가 뚜렷하고 도전 정신이 강한 것이다. 미래 자신의 모습을 그려보며, 그 모습을 닮기 위해 최선의 노력을 기울인 결과다. 스스로 원해 목표를 정할 경우 목표를 향해 달려가는 강한 추진력이 생긴다.

도전의 첫 단계는 먼저 자신을 아는 것이다. 자신이 좋아하는 것과 잘하는 것, 하고 싶은 것을 파악해야 달성할 수 있는 목표를 정할 수 있기 때문이다. 잘하는 것이 없는 것 같아도 실망할 필요는 없다. 단점을 극복하기 위해 노력하다 성공한 사람들도 적지 않다.

목표를 정한 뒤에는 그 일을 해낼 수 있다는 믿음을 굳게 가져야 한다. 도전 과정에서 실패할지도 모른다는 불안감과 힘들어서 포기하고 싶은 마음이 자꾸 생기는데, 이를 극복하는 열쇠이기 때문이다.

▲도전에 성공하려면 해낼 수 있다는 자신감을 가져야 한다.

▲서울 강남초등학교 녹색소년단원들은 서울부터 부산까지 거리의 세 배에 이르는 거리를 자전거를 타고 달리는 데 성공했다.

결과보다 과정을 중요하게 여기는 마음도 가져야 한다. 실패에서도 배울 점이 있으며, 다음 도전 때 교훈으로 삼으면 된다.

운동이나 등산 등을 통해 몸을 단련시키는 것도 도전에 필요하다. 신체적으로 힘든 상황을 버티면 더 큰 어려움을 이겨 낼 수 있는 인내심과 자신감이 생긴다.

한국일보 기사 등 참조

토론

목표 정하기

목표는 자신이 도전해 달성하려는 것이다. 목표가 정해지면 도전의 방향이 뚜렷해져 그만큼 성공 확률이 높다. 목표는 자신에게 만족감을 주면서도 남에게 피해를 주지 않게 잡아야 한다. 되도록 남에게 도움이 되는 것이 좋다. 1979년 노벨 평화상을 받은 테레사 수녀(1910~97)는 삶의 목표가 남을 돕는 것이었다.

▲미국에서 발행된 테레사 수녀 기념 우표.

자신감의 필요성

자신감은 어떤 일을 해낼 수 있다고 스스로 굳게 믿는 것이다. 긍정적으로 생각할 때 나온다. 자신감이 강하면 역경이 닥쳐도 물러서지 않고, 능력을 한껏 발휘할 수 있다. 또 뜻한 대로 결과가 나오지 않아도 핑계를 대거나 주어진 조건을 탓하지 않는다. 스스로 새로운 일과 방법을 찾는 능력이 있기 때문이다.

▲성공한 경험이 쌓일수록 자신감이 커진다.

암벽 등반과 체력 단련

암벽 등반은 일반 등산보다 힘이 훨씬 더 들고 위험한 경우가 많다. 깎아지른 듯 높이 솟은 벽 모양의 바위를 오르기 때문에 전문 장비와 기술이 필요하다. 암벽 등반은 체력과 도전 정신을 길러 준다. 학생들은 멀리 나가지 않더라도 실내에서 할 수 있는 인공 암벽을 등반하면 스트레스도 풀 수 있고 체력도 다질 수 있다.

▲한 학생이 인공 암벽을 오르고 있다.

생각이 쑤욱

1 학생들이 도전 정신이 강해야 하는 까닭을 개인적인 것과 사회적인 것으로 나눠 각각 두 가지씩 대세요.

구분	내용
개인적인 이유	· ·
사회적인 이유	· ·

2 도전하는 사람과 도전을 주저하는 사람은 마음가짐이 어떻게 다를지 비교하세요. 그리고 자신은 도전을 좋아하는지 성향을 생각한 뒤 고치거나 계속 발전시킬 점도 말해 보세요.

도전하는 사람	도전을 주저하는 사람
· 예)용기가 있다. · ·	· 예)겁이 많다. · ·

나의 도전 성향

3 우리가 지금 편리하게 사용하는 물건이나 기술 등은 미국의 발명왕 에디슨(1847~1931)처럼 누군가 어려움에 도전해 만들어 낸 것입니다. 내가 자주 사용하는 물건이나 기술을 개발한 사람 한 명을 정해 그의 도전 정신에 감사의 말을 전하세요.

머리에 쏘옥

도도새의 멸종

도도새는 16~17세기에 인도양의 모리셔스섬에 많이 살았어요. 이 섬에는 먹을 것이 풍부하고, 천적인 맹수도 없었지요. 그래서 도도새는 편안하게 살 수 있었어요.

그러다 포르투갈 사람들이 섬에 들어오면서 도도새를 닥치는 대로 잡아 멸종하고 말았어요. 도도새는 적을 본 적이 없어 사람들이 다가와도 도망가지 않았고, 나는 법까지 잊었기 때문이죠.

지금의 생활에 만족한 채 새로운 시도를 하지 않으면, 도도새처럼 세상에서 뒤쳐져 자신의 모습이 보이지 않을 수 있어요.

도전을 결심하기까지는 고민이 많고 두려울 거예요. 도전하는 순간 안정된 생활이 변하기 때문이죠. 또 시간과 노력이 들며, 위험이 따를 수 있습니다. 실패하면 손해를 볼 수도 있어요.

하지만 도전하지 않으면 새로운 것을 얻을 수도 없어요. 용기로 두려움을 극복하고, 인내심으로 어려움을 참아 내야 성공을 맛볼 수 있답니다.

생각이 쑤욱

4 아래 글을 읽은 뒤 내가 이 기업가라면 도전을 상징하는 나폴레옹의 모자를 26억 원에 살지 말지 말해 보세요. 그리고 그 까닭도 설명하세요.

우리나라의 한 기업가가 과거 나폴레옹(1769~1821)이 쓰던 모자를 26억 원에 샀습니다. 그는 '불가능은 없다'고 말한 나폴레옹의 도전 정신을 샀다고 했습니다. 나폴레옹은 프랑스 황제가 되자 적극 전쟁을 벌여 프랑스의 땅을 유럽 전체로 넓혔습니다.

▲26억 원에 팔린 나폴레옹의 모자.

머리에 쏘옥

도전의 기쁨을 아는 사람들

페이스북의 창업자인 미국의 마크 저커버그(1984~)는 해마다 새로운 목표에 도전해요. 중국어 배우기에 도전하는가 하면, 2015년에는 독서에도 도전했지요. 2주일에 한 번 새로운 책을 읽은 뒤 인터넷에 자신의 독서 상황을 공개하고, 다른 사람들과 함께 토론도 했지요. 그는 도전을 통해 계속 성장하고 있어요.

미국의 테슬라모터스 최고경영자(CEO)인 엘론 머스크(1971~)는 어렸을 적부터 공상 과학 소설을 즐겨 읽고, 게임을 좋아했지요. 환경 오염이나 식량 부족 등 때문에 지구가 망할지도 모른다고 생각했습니다. 그래서 화성에 이주할 계획을 세웠고, 그곳에 갈 때 필요한 것들을 만드는 중입니다. 전기자동차와 우주 로켓, 태양에너지 등을 개발하는 기업을 운영하는데, 신제품을 계속 내놓고 있습니다.

5 도전해서 성공하거나 실패한 자신의 경험담을 1분 동안 말해요.

☞도전한 일(과목 학습 경험도 괜찮음), 도전 과정, 실패하거나 성공한 까닭, 도전해서 얻은 교훈, 다른 목표나 계획 등이 들어가도록 하세요.

생각이 쑤욱

6 도전 정신을 기를 수 있는 방법을 세 가지만 찾으세요.

7 신문이나 책에서 도전하는 사람들의 이야기를 찾아 스크랩한 뒤 나만의 도전 책을 만드세요.

☞ 아래의 표지와 차례, 본문의 예를 참고해 만들고, 첫 장은 자신의 도전 이야기를 담으세요.

<표지의 예>

제목:

그림이나 사진

　　　　년　월부터
　　　　년　월까지

이름:

<차례의 예>

만나고 싶은 도전자들

1. _____
2. _____
3. _____
4. _____
5. _____

<본문의 예>

도전자 이름	
도전 목표	
도전 이유	
도전 과정	
도전 결과	

그림이나 사진

느낀 점이나 배울 점

머리에 쏘옥

도전, 누구나 할 수 있다

누구나 마음만 먹으면 도전할 수 있어요.

도전 목표는 자신이 관심 있는 분야에서 찾되, 구체적이며 실현 가능한 것으로 정해야 해요. 예컨대 학생은 공부와 운동, 악기, 친구 관계 등에서 목표를 고를 수 있지요.

올해는 악기 가운데 플루트를 배우는 것이 목표라면, '방과후 집에서 하루에 30분씩 플루트 연주곡을 2곡씩 연습한다.'는 계획을 세웁니다.

포기하고 싶을 때는 친구들 앞에서 멋지게 플루트를 연주하는 자신의 모습을 상상하면 참을 힘이 생깁니다.

쉬운 것부터 도전해 하나씩 이루며 성취감을 맛보는 것이 중요해요.

도전 목표는 글로 쓰는 것이 효과적입니다. 미국의 한 대학교의 조사에 따르면 원하는 목표를 글로 썼던 3퍼센트의 학생들은 거의 다 성공했어요. 그리고 이들의 재산을 합치니 글로 쓰지 않았던 나머지 97퍼센트 학생들이 가진 재산의 합계보다 많았답니다.

행복한 논술

　도전은 새롭거나 어려운 일을 달성하려는 시도입니다. 안정된 삶을 최고로 생각하는 우리 사회의 분위기 때문에 학생들의 도전 정신이 약해지고 있습니다. 부모가 자녀에게 공부만 강요하고, 자녀들이 원하는 것은 모두 들어주기 때문에 도전의 필요성을 느끼지 못하는 것이지요. 도전은 개인을 성장시키고, 사회가 발전할 수 있도록 뒷받침하는 힘입니다. 도전 정신을 기르려면 먼저 자신부터 잘 파악하고 스스로 원하는 목표를 정해 실천해야 합니다. 또 그 일을 해낼 수 있다는 자신감이 필요합니다. 체력을 단련하는 일도 빼놓을 수 없습니다.

도전 정신의 필요성을 설명하고, 자신이 도전하고 싶은 직업 목표와 달성 계획을 밝히세요(500~600자).

04 '백정의 고기 한 근'과 존댓말

▲부모님께 존댓말 쓰기 운동을 벌이는 대구 월암초등학교 학생들.

초등학생들 대다수가 부모님께 존댓말을 쓰지 않고, 존댓말을 바르게 사용할 줄도 모릅니다. 가정과 학교에서 존댓말을 배울 기회가 적기 때문입니다. 존댓말에는 다른 사람을 배려하고 존중하는 마음이 담겨 있습니다. 존댓말을 사용해야 하는 까닭을 알아보고, 존댓말을 바르게 사용하는 방법을 공부합니다.

이런 걸 공부해요

이슈 존댓말 쓰는 어린이가 줄어든다

◆ 가정이나 학교에서 제대로 된 존댓말 교육 없어
◆ 존댓말 왜 써야 하나

토론 존댓말을 바르게 쓰는 방법

◆ 부모가 모범 보이고, 교사도 학생에게 존댓말 써야
◆ 유통업체나 방송에서 바르지 못한 높임말 자주 사용

이슈

존댓말 쓰는 어린이가 줄어든다

가정이나 학교에서 제대로 된 존댓말 교육 없어

존댓말을 쓰는 어린이들이 갈수록 줄고 있다. 평소에 존댓말을 배우지 않아서, 부모 등 가까운 사이에 존댓말을 쓰면 어색하다고 느끼기 때문이다.

한 어린이신문사가 최근 초등학생들(4644명)에게 물었더니, 65퍼센트(100명 가운데 65명)가 부모에게 존댓말을 쓰지 않아도 된다고 대답했다.

과거에는 할아버지와 할머니도 함께 사는 대가족이 많아 어른들에게 자연스럽게 존댓말을 배웠다. 하지만 요즘에는 주로 핵가족이어서 부모가 존댓말을 가르치지 않고, 학교에서도 제대로 된 존댓말 교육이 이뤄지지 않기 때문이다. 평소에 존댓말을 쓰지 않으니 웃어른이나 교사들에게 버릇없게 구는 어린이들이 적지 않다.

▲대가족 안에서 자란 아이들은 자연스럽게 존댓말을 배운다.

'세 살 버릇 여든까지 간다'는 속담에서 보듯, 어렸을 적에 존댓말을 익히지 못하면 어른이 되어서도 언어 예절이 서툴러 어려움을 당할 수 있다.

존댓말을 잘못 쓰는 어린이도 있다. 물건에 존댓말을 붙이거나 "선생님이 너 오시래."처럼 높임을 받을 사람을 몰라 엉뚱한 사람을 존대하는 경우다. 존댓말을 쓸 때는 듣는 사람과 말하는 사람의 관계, 높임을 받을 대상 등 조건을 따져 바르게 써야 한다.

한국일보 기사 등 참조

이런 뜻이에요
핵가족 부모와 결혼하지 않은 자녀만으로 이루어진 소가족.

이슈

존댓말 왜 써야 하나

▲존댓말을 사용하면 상대방에게 좋은 인상을 줄 수 있다.

존댓말에는 다른 사람을 존중하는 마음이 담긴다. 따라서 존댓말을 쓰면 다른 사람과의 관계가 더 부드러워지고, 상대를 배려하는 마음도 기를 수 있다.

존댓말에는 기본적으로 정중한 표현이 들어가므로 화가 났을 때도 말실수를 줄일 수 있다.

우리말은 외국말보다 존댓말이 무척 발달했다. 조부모를 모시고 대가족이 함께 살았으므로, 가족 구성원들의 상하 질서를 분명하게 구분할 필요가 있었기 때문이다. 양반과 평민 등 신분 제도가 엄격해 신분이 낮은 사람이 높은 사람에게 존댓말을 써야 했던 까닭도 있다. 무엇보다 유교의 영향으로 웃어른을 공경하고 예의를 중요하게 생각한 전통 덕이 크다. 따라서 존댓말이 상황에 따라 다양하게 발달해서 사용하기에 까다로운 점도 있다.

우리나라의 존댓말은, 등장하는 사람을 높이는 말과 듣는 사람을 높이는 말로 나뉜다. 예를 들면 웃어른에게는 '말씀을 여쭙는다'고 나타내고, 친구에게는 '말을 한다'고 표현하는 것이다. '밥'을 높이면 '진지'가 되고, '주다'는 '드리다', '말'은 '말씀', '자다'는 '주무시다'가 각각 높임말이 된다. 듣는 사람을 높이려면 말을 맺을 때 '~요'나 '~습니다'를 붙이면 된다.

한겨레 기사 등 참조

존댓말을 바르게 쓰는 방법

부모가 모범 보이고, 교사도 학생에게 존댓말 써야

▲학교에서 항상 존댓말을 사용하는 배산초등학교 학생들.

"○○님, 연필 하나만 빌려 주세요."
"쓰고 꼭 돌려주셔야 해요."

부산의 배산초등학교는 전교생과 교직원 모두 존댓말을 사용한다. 수업 시간은 물론 쉬는 시간에도 존댓말을 쓴다. 교사도 학생에게 존댓말로 칭찬하고, 꾸중할 때도 존댓말로 한다. 이 학교의 교장은 "존댓말을 쓰면서 서로 존중하는 마음이 생겼고, 왕따 문제도 사라졌다."고 밝혔다. 학부모들도 학교에서 존댓말을 사용한 뒤부터 어린이들이 부모에게 예의를 갖추려고 해서 집안 분위기가 좋아졌다고 입을 모았다.

대구 월암초등학교의 경우 '부모님께 존댓말 쓰기 실천 서약서'를 전교생에게 모두 받는다. 그리고 1년 동안 바른 언어 교육을 단계적으로 실천해 자연스럽게 존댓말을 익힐 수 있도록 가르치고 있다. 가정에서 부모가 먼저 주변 어른들에게 존댓말 쓰기 모범을 보이도록 하는 것도 실천 과제의 하나다.

학생들에게 존댓말을 가르치려면 이처럼 먼저 가정과 학교에서 존댓말 사용을 생활화하도록 해야 한다. 특히 학교에서 교사가 학생과 서로 존댓말을 사용하고, 존댓말을 바르게 쓰는 방법을 가르쳐야 한다. 예를 들면 다양한 상황을 만들어 역할극을 하면서 바른 표현법을 알려 주면 존댓말을 쉽게 배울 수 있다.

경향신문 기사 등 참조

토론

유통업체나 방송에서 바르지 못한 높임말 자주 사용

"이 상품은 이제 없으세요."
"커피 나오셨어요."

백화점이나 커피숍 등 유통업계에서 흔히 쓰는 말인데, 사람이 아닌 물건에도 높임말을 적용해 잘못된 사례다. 손님들 가운데 "이 상품은 이제 없습니다."나 "커피 나왔습니다."라고 바르게 표현했는데도, 존댓말이 아니라고 생각해 기분이 나쁘다고 했기 때

▲물건에 존댓말을 붙이는 것은 잘못된 높임법이다.

문이다. 이에 따라 유통업계는 최근 바른 존댓말 사용 안내문을 직원들에게 나눠 주고, 손님들을 위한 안내문도 따로 만들어 붙였다.

TV 등 방송에서도 잘못된 존댓말을 쓰는 일이 적지 않다. '우리나라'를 '저희 나라'라고 낮춰 말하거나 자신의 부모님을 '우리 어머님'이라고 잘못 높여 부르는 것이 예다. 방송에 나와 예의를 갖추려다 보니 높임말에 익숙하지 않아 높임의 대상을 잘못 선택하게 된 것이다.

특히 예능 프로그램은 출연자가 잘못된 존댓말을 사용했는데도, 그대로 받아 적어 자막으로 내보내는 사례가 적지 않다. 이럴 때는 잘못된 말을 고쳐서 자막으로 띄우고, 틀린 이유를 설명한 내용을 간단하게 덧붙이면 방송의 흐름을 끊지 않고도 효과적으로 바른 존댓말을 알릴 수 있다.

존댓말 사용 사례		
잘못된 표현	바른 표현	바르지 못한 까닭
저는 세종대왕님을 존경합니다.	저는 세종대왕을 존경합니다.	'왕'은 그 단어 자체가 최고 높임말이므로 '님'을 붙이지 않음
손님, 가방이 아주 예쁘시네요.	손님, 가방이 아주 예쁘네요.	물건은 높이는 대상이 아님
저희 나라에는 훌륭한 위인이 많습니다.	우리나라에는 훌륭한 위인이 많습니다.	'나라'는 낮추는 대상이 아님
주문하신 햄버거 나오셨어요.	주문하신 햄버거 나왔습니다.	물건은 높이는 대상이 아님
내가 아시는 분이야.	내가 아는 분이야.	아는 사람이 자신이므로 높이면 안 됨
훌륭한 부모님을 두셨네요.	훌륭한 부모님을 모시고 계시네요.	윗사람에겐 '두다' 대신 '모시다'를 사용
우리 어머님은 참 훌륭한 분이셔.	우리 어머니는 참 훌륭한 분이셔.	자신의 어머니는 '어머님'이라 높이지 않음

생각이 쑤욱

1 우리나라의 초등학생들이 부모 등 어른들에게 주로 반말을 사용하는 까닭은 무엇인가요?

머리에 쏘옥

외국어의 존댓말

영어나 프랑스어는 존댓말이 없어요. 하지만 그 말을 쓰는 사람들이 다른 사람을 존중하지 않는다는 뜻은 아닙니다. 예를 들어 "물 줘."라는 말도 "물 좀 줄 수 있어?"로 부드럽게 표현할 수 있지요. 마찬가지로 "밥 줘."보다 "먹을 것을 좀 줄 수 있을까?"라는 표현이 더 정중합니다. 말끝에 "부탁해."라는 뜻의 말을 붙여 정중함을 나타내기도 합니다.

2 존댓말을 쓰면 좋은 점을 아는 대로 들어보세요.

바른 존댓말 사용법

존댓말을 사용할 경우 상대가 높임을 받아야 하는 대상인지 알아야 합니다. 직접 대화하는 상대가 아니거나, 대상이 물건이면 존댓말을 쓰지 말아야 합니다.

어른이 둘 이상일 때는 아랫사람과 윗사람이 바뀌지 않았는지도 확인해야 합니다.

말을 '~습니다'로 끝내거나 '~께(께서)'와 '~시'를 붙여 존댓말로 만들기도 합니다.

3 아래에 제시한 세 개의 문장 가운데 틀린 부분을 찾아 바르게 고치세요.

교장 선생님 말씀이 계시겠습니다.
→
언니, 아빠가 아이스크림 못 사온대.
→
할아버지, 우리 집에 언제 와요?
→

생각이 쑤욱

4 외국말 가운데는 존댓말이 없는 나라의 말도 있는데, 이들 나라에서는 대화할 때 다른 사람을 존중한다는 뜻을 어떻게 표현할 수 있을까요?

머리에 쏘옥

백정의 고기 한 근

옛날 시골 장터에서 박씨 성을 가진 노인 백정이 고기를 팔았습니다.

하루는 젊은 양반 둘이 고기를 사러 왔습니다. 그때 백정의 신분은 매우 낮아서, 양반들은 나이와 상관없이 백정에게 함부로 반말을 했었죠.

가게에 먼저 들어선 양반이 백정에게 "어이, 고기 한 근만 다오."라고 말했습니다. 백정은 고기를 잘라 양반 앞에 내려놓았습니다.

나중에 들어선 양반은 나이 많은 사람을 함부로 대할 수 없어 "박서방, 고기 한 근만 주시오."라고 정중하게 말했습니다. 그러자 백정은 먼저 양반에게 준 것보다 훨씬 많은 양의 고기를 내어 놓았습니다.

가게에 먼저 들어선 양반이 왜 같은 값인데 차이가 나느냐고 따지자, 백정은 빙그레 웃으면서 "손님 고기는 백정놈이 자른 것이고, 이분 고기는 박서방이 잘랐으니 그렇지요."라고 대답했습니다.

백정에게 반말을 했던 양반은 얼굴을 붉히며 가게를 나갔습니다.

5 존댓말이 평등한 말이 아니라는 이유로 존댓말 쓰기를 거부하는 사람도 있습니다. 아래 두 가지 의견 가운데 어느 쪽에 동의하며, 왜 그런지도 말해 보세요.

"존댓말에는 상대를 존중하고 높이는 마음이 들어 있으므로 존댓말을 쓰면 서로를 배려할 수 있어. 상대의 기분을 나쁘게 하는 일도 없을 것이야."

"존댓말을 사용하면 아랫사람과 윗사람을 가르게 되어 서로 평등한 관계에서 대화하기 어렵게 되지. 친한 느낌도 사라져 대화하기에 불편할 것이야."

생각이 쑥욱

6 바르지 못한 존댓말을 쓰면 안 되는 까닭을 아는 대로 들어보세요.

7 존댓말 쓰기 실천 서약서를 작성해 보세요.

☞존댓말을 쓰는 목적, 존댓말을 쓰는 대상, 존댓말을 쓰지 않았을 때 받을 벌칙 등을 넣으면 됩니다.

존댓말 쓰기 서약서

머리에 쏘옥

시대에 따라 존대하는 표현도 달라져

존댓말도 시대에 따라 조금씩 바뀝니다.

과거에는 부모를 조부모께 말할 때에는 "할아버지, 아버지가 아직 안 왔습니다."처럼 아버지에게는 존댓말을 쓰지 말아야 했습니다. 말에 등장하는 아버지가 나보다는 높지만, 듣는 사람인 할아버지보다는 낮기 때문에 아버지를 바로 높일 수가 없었던 것이지요.

하지만 요즘에는 부모보다 웃어른에게 말씀드릴 때도 부모를 높이는 표현을 쓸 수 있답니다.

바른 호칭 존대법

어른을 부르는 호칭도 존대하는 표현을 바르게 써야 합니다.

부모님의 이름을 알릴 때는 성을 먼저 말합니다. 그리고 이름을 한 글자씩 말하되, 글자 뒤에는 '자'를 붙입니다. 예를 들어 아버지의 이름이 '이승진'일 경우, "저희 아버지 성함은 이, '승'자 '진'자를 쓰십니다."라고 말해야 합니다.

선생님의 아내는 '사모님', 남편은 '사부님'으로 부릅니다. 어른의 나이는 연세, 집은 댁, 생일은 생신으로 각각 써야 바른 존대법입니다.

행복한 논술

　존댓말을 쓰지 않거나 바르지 못한 존댓말을 쓰는 어린이들이 늘고 있습니다. 가정이나 학교에서 존댓말 교육이 제대로 이뤄지지 않기 때문입니다. 존댓말에는 다른 사람을 배려하고 존중하는 마음이 담깁니다. 따라서 존댓말을 쓰면 다른 사람과의 관계가 부드러워집니다. 존댓말을 바르게 사용하는 습관을 들이려면 가정에서는 부모가 모범을 보이고, 학교에서는 교사와 학생이 서로 존댓말을 써서 평소에 존댓말이 몸에 배도록 해야 합니다. 방송에서도 잘못된 존댓말을 바로잡기 위해 노력할 필요가 있습니다.

존댓말을 써야 하는 까닭을 설명하고, 어린이들이 바른 존댓말 사용을 생활화할 수 있는 방법을 말해 보세요(500~600자).

05 멧돼지와 공존하는 법

▲멧돼지와 고라니 등 야생 동물의 수가 늘며 이들로 인한 농작물 피해가 급증하고 있다. 사진은 야생 멧돼지 가족.

　멧돼지와 고라니, 까치 등 야생 동물이 농가로 내려와 농작물을 망가뜨려 피해가 커지고 있습니다. 특히 멧돼지의 경우 도심에 자주 나타나 소동을 부리고 사람을 다치게 하는 등 문제를 일으켜 포획되기도 합니다. 야생 동물이 피해를 주는 것은 사람들이 산림을 파괴한 탓이 큽니다. 야생 동물과 평화롭게 공존하려면 어떻게 해야 할지 방법을 탐구합니다.

▣ 이런 걸 공부해요

이슈 야생 동물로 인한 피해가 늘어난다

◆ 야생 동물로 인한 농작물 등 피해 급증
◆ 야생 동물 피해 왜 늘었나

토론 야생 동물 과학적으로 관리해야

◆ 야생 동물 가치 다양… 멸종하면 사람도 피해
◆ 야생 동물과 함께 살아가기

이슈 야생 동물로 인한 피해가 늘어난다

야생 동물로 인한 농작물 등 피해 급증

▲왼쪽 위부터 시계 방향으로 멧돼지가 망쳐 놓은 옥수수 밭과 고구마 밭, 까치가 파먹은 과일 피해 현장, 고라니가 뜯어먹은 무 밭.

멧돼지와 고라니, 노루, 까치 등 야생 동물이 농가의 논밭에 자주 나타나 농작물을 망가뜨리는 등 피해가 잇따르고 있다.

멧돼지나 고라니는 수확기에 떼를 지어 논밭에 들어가 벼나 고구마를 마구 뜯어 먹고, 까치는 사과나 배, 감 등 과일을 파먹어 못쓰게 만든다. 전국적으로 야생 동물로 인한 농작물 피해는 1년에 200억 원에 이른다.

특히 멧돼지의 경우 도심 한복판에도 나타나 사람을 다치게 하는 등 피해를 일으켜 문제가 되고 있다. 최근 5년간 서울 도심에 멧돼지가 출현해 119가 출동한 건수는 12배쯤 늘었는데, 갈수록 증가 속도가 빨라지고 있다.

이처럼 야생 동물로 인한 피해가 끊이지 않는 까닭은, 정부의 동물 보호 정책 때문에 그 수가 늘었지만 숲이 파괴되어 먹잇감이 부족하기 때문이다.

농가들은 농작물 피해를 막기 위해 전기 충격식 울타리를 설치하는 등 야생 동물 퇴치에 골머리를 앓고 있다. 그리고 피해 신고가 들어온 곳의 멧돼지나 고라니, 청솔모, 까치 등은 포획하고 있지만 크게 효과를 거두지 못하고 있다.

전문가들은 야생 동물 피해를 줄이려면 서식지를 보호하고 먹잇감이 풍부한 환경을 만들어 주어야 한다고 말한다.

대전일보 기사 등 참조

이슈

야생 동물 피해 왜 늘었나

▲시민들의 야생 동물 먹이 주기 행사 모습(위 사진)과 초등학생들의 새집 달아주기 행사 모습(아래 사진).

우리나라는 2004년 '야생동식물보호법'을 만들어 야생 동물 보호를 강화했다. 멸종 위기 동물을 보호하고, 총이나 덫을 이용해 밀렵을 하지 못하게 금지했다. 이렇게 되자 멧돼지와 고라니, 까치 등 야생 동물 수가 크게 늘었다. 동물 보호 단체의 겨울철 야생 동물 먹이 주기와 새집 달아주기 등 보호 행사도 야생 동물을 늘리는 데 기여했다.

문제는 야생 동물 수가 증가하다 보니 사람이 사는 지역에 내려와 일으키는 피해도 커지는 데 있다. 도시 개발 등으로 숲이 파괴되어 서식지가 점점 사라지기 때문이다.

특히 멧돼지들의 도심 출몰이 잦은 것은 개발에 따른 서식지 파괴와 생태 통로 부족, 천적 감소로 인한 개체 수 증가 때문이다. 멧돼지는 우리 생태계의 먹이사슬 꼭대기에 있지만, 산림 파괴로 터전이 줄었다. 또 산도 도로 건설 등으로 끊겨 덩치 큰 포유류가 살 수 없게 되었다.

까치는 둥지를 틀 나무가 부족하자 전신주나 철탑에 짓고, 먹이가 부족해 쓰레기통을 뒤지기 시작했다. 일부는 과수원으로 진출해 농작물에게 피해를 준다. 비둘기도 여러 행사 때마다 하늘에 무수히 날려 수가 급증했다. 또 때를 가리지 않고 먹이를 던져 줘 영양 과잉으로 산란기를 잊은 채 이상 번식을 계속한 때문이다.

한국일보 기사 등 참조

> 토론

야생 동물 과학적으로 관리해야

야생 동물 가치 다양… 멸종하면 사람도 피해

야생 동물은 먼 옛날부터 사람의 의식주 해결에 중요한 자원이었다. 그리고 오늘날에도 다양한 가치를 지닌다.

모든 야생 동물은 생태계의 먹이사슬 관계에서 각자 그 역할을 담당한다. 야생 동물이 존재한다는 것만으로도 사람을 포함한 생태계는 안정성을 유지할 수 있다. 어느 한 생물이 사라지면 먹이사슬에 구멍이 생긴다. 구멍이 많을수록 자연 순환의 균형도 크게 금이 간다. 한 종류의 야생 동물이 멸종하면 다른 종류의 야생 동물도 사라져 대량 멸종

▲탐조 교육을 받는 초등학생들. 탐조란 새의 생활을 관찰하는 것이다.

으로 이어질 수 있기 때문이다. 일제강점기(1910~45)에 호랑이와 표범이 멸종했고, 늑대와 여우도 사람들의 무관심 속에 소리 없이 사라졌다.

▲멸종 위기 1급 야생 동물인 사향노루.

생태계에서 큰 동물들이 멸종하면 그들과 얽혀 사는 온갖 작은 동물과 병원균들이 결국 사람을 공격하게 된다.

야생 동물은 또 현대인에게 사냥과 생태관광, 탐조 등 여가 활동의 즐거움을 준다. 야생 동물은 또 옛날부터 예술 작품에서 중요한 소재였으며, 인류는 야생 동물을 소재로 한 예술 작품을 통해 정서적 안정감을 얻을 수 있었다.

광주드림 기사 등 참조

토론

야생 동물과 함께 살아가기

▲설악산 눈 속에서 구조된 산양 한 마리(왼쪽 사진)를 기운을 회복시킨 뒤 자연으로 돌려보내는 모습(오른쪽 사진).

프랑스의 한 농가는 늑대가 나타나 집에서 키우는 양떼를 공격해 고민이다. 프랑스에는 250~300마리의 늑대가 사는데, 이들이 이따금 산에서 내려와 양떼를 공격한다. 늑대는 국제 보호 동물이어서 함부로 잡을 수도 없다. 프랑스 농가들은 어떤 방법으로 배고픈 늑대와 함께 살아가고 있을까. 프랑스는 과학적인 데이터를 바탕으로 1년 동안 사냥할 수 있는 늑대 수를 정해 관리한다.

우리나라처럼 멧돼지에 의한 피해를 당하는 독일은 전체 멧돼지 가운데 사냥할 멧돼지의 비율을 정한다. 그리고 나머지 멧돼지들은 야생 동물 보호 구역을 지정해 클로버 등 풍부한 먹이를 심어 민가에 내려오는 것을 막고 있다. 일본은 사냥한 멧돼지 정보를 자세하게 기록하고 과학적으로 수를 조절한다.

동물이 살 수 없는 환경에서는 사람도 살 수 없다. 따라서 서울시는 야생 동물을 보듬으려는 노력을 하고 있다. 여러 곳에 생태 보존 지역을 만들어 자연스럽게 자리를 잡도록 하려는 것이다.

산림청의 한 관계자는 "숲과 농사를 짓는 땅을 어떻게 관리하느냐에 따라 야생 동물 피해를 줄이고 사람과 함께 공존할 수 있는 방법을 찾을 수 있을 것."이라고 밝혔다.

헤럴드경제 기사 등 참조

생각이 쑤욱

1. 야생 동물이 최근 사람에게 준 피해를 다양하게 조사해 정리해 보세요.

2. 야생 멧돼지가 유해 동물로 분류된 억울한 사정을 사람들에게 하소연하고 있어요. 그림을 보고 어떤 내용일지 생각해 보세요.

나는 멧돼지야. 힘이 세고 빠르며 성격이 좀 거칠지. 밤에 움직이는 걸 좋아하고 헤엄도 잘 친단다. 잡식성이라 뭐든지 잘 먹어. 그런데 내 말 좀 들어봐. 사람들이 우리를 유해 야생 동물이라면서 마구 잡아 죽이려 하는데, 너무 억울해.

머리에 쏘옥

멧돼지를 만나면 침착하게 행동하세요

멧돼지 새끼(**사진**)는 다람쥐처럼 황갈색 바탕에 흰색 줄무늬가 있어요.

멧돼지를 갑자기 만났을 경우 뛰거나 소리치면 놀라서 공격할 수 있으므로 침착하게 행동해야 합니다.

시속 40킬로미터로 달려드는 멧돼지가 정면으로 들이받는 힘은 1톤 정도로 매우 위험하다고 합니다. 따라서 멧돼지를 자극하지 말고 천천히 나무나 바위 뒤에 숨어 몸을 가려야 돼요. 등을 보이고 뛰면 야생 동물은 상대가 겁을 먹었다고 느끼고 공격할 수도 있어요.

멧돼지는 또 시력이 좋지 않으므로 옷이나 우산을 펼쳐 덩치가 큰 것처럼 보이게 해 쫓는 것도 좋은 방법입니다.

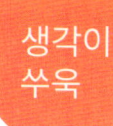

생각이 쏘옥

3 다음은 비둘기 수를 줄이기 위한 외국의 방법이에요. 우리는 어떤 방법을 더 추가하면 좋을지 아이디어를 내세요.

◆스위스=비둘기 집을 지어 알을 낳게 한 뒤에 알을 없앤다.

◆프랑스=대형 비둘기 집을 만들고, 알을 낳으면 집을 흔들어 부화하지 못하게 한다.

◆프랑스, 이탈리아, 호주=모이를 주면 벌금을 물린다.

4 자연 생태계에서 일부 야생 동물은 늘어났지만, 많은 야생 동물이 급격히 줄었어요. 그 원인을 세 가지만 찾아봐요.

머리에 쏘옥

우리나라 멸종 위기 야생 동물

현재 멸종했거나 멸종 위기에 놓인 동물은 호랑이, 늑대, 여우, 바다사자, 반달가슴곰, 두루미 등 50종입니다.
가까운 장래에 멸종될 위기에 놓인 동물로는 물개, 담비, 삵, 가창오리, 맹꽁이 등 170종이 넘는답니다.

5 다음은 자연 환경과 야생 보호 단체인 세계자연보호기금(WWF)의 광고입니다. 광고가 전하려는 말을 한 문장으로 작성하세요.

생각이 쑤욱

6 야생 동물에게 안전하게 살 터전을 만들어 주면 어떤 효과를 얻을 수 있을까요?

머리에 쏘옥

세계적인 멸종 위기 야생 동물

세계자연보호기금(WWF)은 2010년에 '멸종 위기에 놓인 생물 10종'을 발표했어요.

이들 생물에는 호랑이, 북극곰, 태평양 바다코끼리, 마젤란 펭귄, 장수거북, 청지느러미 참치, 산고릴라, 왕나비, 자바 코뿔소, 자이언트 판다 등이 들어 있습니다.

지금 야생에 존재하는 자바 코뿔소는 60마리, 산고릴라 720마리, 자이언트 판다 1600마리, 호랑이는 3200마리에 불과해요. 자이언트 판다는 출생률이 낮은 데다 숲이 파괴되며 터전을 잃었어요. 자바 코뿔소도 환경 파괴로 숫자가 줄어 보호 구역에서 명맥을 이어가고 있고, 산고릴라는 밀렵과 전쟁 때문에 멸종 직전입니다.

▲마젤란 펭귄(왼쪽)과 산고릴라.

7 멸종 위기 동물을 새겨 넣는 명함이 신문에 소개됐어요. 위기에 처한 동물을 널리 알리고 후원하자는 취지랍니다. 나라면 명함에 어떤 동물을 그려 넣고 싶은가요? 문구도 넣고 디자인도 하세요.

☞예)작지만 멀리 나는 넓적부리도요. 물을 차고 날아라, 넓적부리도요야.

동물 그림과 격려 문구

내 이름과 전화번호

행복한 논술

　야생 동물 수가 증가하면서 야생 동물에 의한 피해가 갈수록 늘어나고 있습니다. 먹이가 부족해지자 논밭에 내려와 농작물을 망치거나 도심에 나타나 사람을 다치게 하는 등 피해 규모가 커지는 것이지요. 지방자치단체들은 멧돼지나 고라니 등 유해 야생 동물을 퇴치하거나 포획하기도 합니다.

유해 야생 동물이라도 무조건 잡아 없애면 안 되는 이유를 설명하고, 사람과 야생 동물이 공존할 수 있는 아이디어를 내 보세요(500~600자).

06 가난한 나라 살리는 공정 무역

▲ 서아프리카에 있는 코트디부아르의 한 카카오 농장에서 고된 노동에 시달리는 어린이.

　가난한 나라의 노동자들은 하루 종일 어렵게 일해도 일한 만큼의 대가를 받지 못합니다. 물건을 사고파는 무역을 할 때 강대국과 대기업들이 중간에서 이익을 가로채기 때문입니다. 자유 무역의 이러한 단점을 개선하기 위해 나온 것이 공정 무역입니다. 무역할 때 생산자와 직거래를 통해 제대로 값을 쳐주고 상품을 사는 것입니다. 공정 무역이 왜 필요하며, 우리나라에서 공정 무역이 뿌리 내리게 하려면 어떤 노력이 필요한지 탐구합니다.

이런 걸 공부해요

이슈 공정 무역은 누구에게나 이익
- ◆ 저개발국 제품 정당한 대가 주고 사야
- ◆ 공정 무역 왜 등장했나

토론 공정 무역을 발전시키는 길
- ◆ 공정 무역 제품인지부터 살피고 사야
- ◆ "공정 무역 제품 파는 곳이 부족해요"

공정 무역은 누구에게나 이익
저개발국 제품 정당한 대가 주고 사야

파키스탄의 소녀 소니아(2012년 당시 15)는 다섯 살 때부터 어두운 공장에서 열두 시간씩 축구공을 꿰매다 일곱 살에 시력을 잃었다. 축구공 한 개를 만들려면 32개의 가죽 조각을 1620번이나 손으로 바느질해야 한다. 소니아가 한 개에 10만 원이 넘는 축구공을 만들어 받는 돈은 고작 200원 정도다.

파키스탄은 이렇게 만든 축구공을 다른 나라에 판다. 나라들끼리 서로 이익을 얻기 위해 상품을

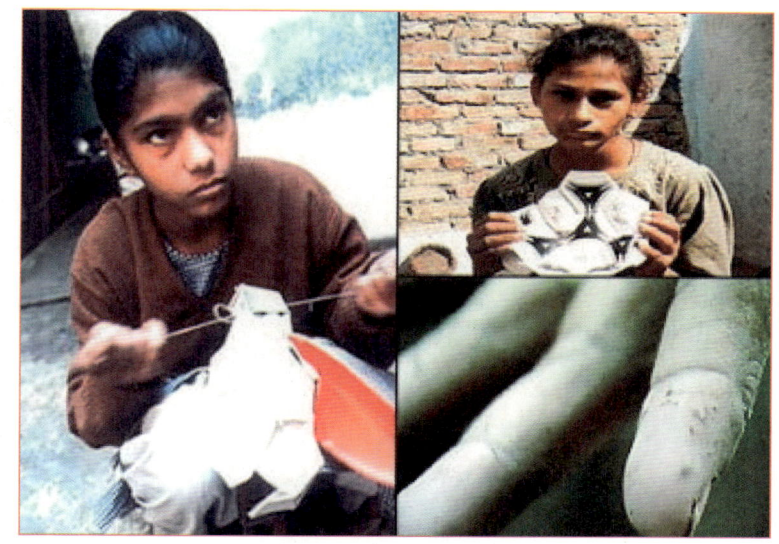

▲축구공을 꿰매는 파키스탄의 어린이들. 오른쪽 아래 사진은 하루에도 수백번씩 바느질하느라 바늘에 찔려 상처가 나고 지문이 닳아버린 손의 모습이다.

사고파는 것을 무역이라고 한다. 그런데 가난한 나라일수록 소니아처럼 좋지 않은 환경에서 일하지만 제대로 대가를 받지 못하는 노동자들이 많다. 강대국이나 대기업들이 중간에서 이익을 가로채기 때문이다.

무역의 이러한 단점을 고치기 위해 나온 것이 '공정 무역'이다. 가난한 나라와 무역할 때 생산자와 직거래를 통해 제값을 쳐주고 상품을 사는 것이다. 공정 무역을 하면 가난한 나라의 생산자가 물건 값을 제대로 받을 수 있기 때문에 경제적으로 자립할 수 있다.

그런데 지금 이뤄지는 공정 무역의 대상이 주로 강대국 사람들이 좋아하는 커피와 차, 카카오, 바나나 등에 한정된 점이 문제다. 가난한 나라에서 이러한 작물만 재배해야 하므로 자기네가 먹을 식량을 수입하느라 그 돈을 고스란히 내줘야 하는 것이다.

한국일보 기사 등 참조

이슈

공정 무역 왜 등장했나

▲네팔의 공정 무역 커피 생산지. 농민들이 즐겁게 일하고 있다.

공정 무역 운동은 1946년 미국의 한 마을 사람들이 푸에르토리코의 자수 제품을 사면서 시작됐다. 우리나라는 2002년 '아름다운가게'가 공정 무역 운동을 처음 시작했다.

나라들끼리 무역을 하는 까닭은 자기네 나라의 경제 성장에 도움이 되기 때문이다. 그런데 자유 무역을 해도 골고루 잘살지 못하고, 가난한 나라일수록 빈곤에서 벗어나지 못하고 있다. 하루 1달러도 안 되는 돈으로 사는 사람이 세계적으로 13억 명에 이른다.

자유 무역의 이러한 단점을 해결하기 위해 등장한 것이 공정 무역이다. 공정 무역이 활발해지면 저개발국의 생산자는 불평등한 거래 때문에 피해를 보지 않고, 경제적으로 자립할 수도 있다. 또 어린이들을 굶주림과 고된 노동에서 구할 수 있고, 제대로 된 교육을 받게 할 수 있다. 소비자는 저개발국 생산자들의 자립을 도우면서도 질 좋은 상품을 살 수 있어 서로 이익이 된다.

공정 무역은 현재 세계 무역 규모의 0.1퍼센트가 안 된다. 옥스팜에 따르면 세계 무역 시장에서 공정 무역 비율이 10퍼센트로 늘어날 경우 빈곤이 거의 사라지고, 기후 변화로 인한 자연 재해도 예방할 수 있다고 한다.

한겨레 기사 등 참조

이런 뜻이에요

푸에르토리코 중앙아메리카 카리브해에 있는 섬나라(미국의 자치령).
옥스팜 영국의 시민들이 1942년 만든 국제적인 빈민 구호 단체. 1960년대부터 공정 무역에도 힘을 쏟고 있다.

토론

공정 무역을 발전시키는 길

공정 무역 제품인지부터 살피고 사야

공정 무역은 가난한 나라 사람들의 삶을 긍정적으로 바꿨다. 더 많은 사람들이 혜택을 받게 하려면 공정 무역을 더욱 확대해야 한다.

◇소비자가 할 일

소비자는 제품을 살 때마다 생산자와 노동자에게 정당한 대가를 치렀는지 따져 봐야 한다. 어린이들의 노동력을 착취하거나 환경을 파괴하며 만든 제품은 아닌지도 살핀다. 공정 무역 제품을 산다고 가난한 나라를 곧 부자로 만들 수는 없다. 하지만 소비자들의 이러한 배려가 강대국과 대기업들이 불공정한 무역을 일삼지 않도록 하는 힘이 된다.

▲ 한 백화점의 공정 무역 상품 코너에서 제품을 고르는 고객.

◇기업이 할 일

기업은 기업의 이익 외에 공공의 이익을 위해서도 신경 써야 한다. 기업들이 더 많은 공정 무역 제품을 판매하고, 원료를 수입해 제품을 생산한다면 공정 무역이 활성화될 수 있다. 기업들은 사회적 약자를 배려하는 상품을 개발하고, 환경을 보호하는 일에 좀 더 힘을 기울여야 한다.

▲공정 무역 업체 직원들이 커피를 홍보하고 있다.

◇정부가 할 일

국제 사회에서 책임 있는 나라가 되려면 세계의 빈곤 문제와 환경 문제를 해결하는 일에도 앞장서야 한다. 정부와 지방자치단체는 소비자를 대상으로 공정 무역 캠페인을 적극 펼치고 교육도 시켜야 한다. 공정 무역을 아는 사람들이 많아야 공정 무역으로 살 수 있는 제품도 늘어난다. 공정 무역을 지원하는 법과 제도 마련도 시급하다.

▲공정 무역에 관한 교육을 받는 서울 홍연초등학교 학생들.

문화일보 기사 등 참조

토론

"공정 무역 제품 파는 곳이 부족해요"

▲공정 무역 축제에 참가한 시민들이 공정 무역 관련 상품을 살펴보고 있다.

"제가 사는 커피가 가난한 나라 농민들에게 어떤 희망을 줄 수 있나요?"

최근 '세계공정무역의 날'을 맞아 서울 덕수궁 돌담길 옆에서는 이날을 홍보하는 시민 축제 행사가 열렸다.

행사장에서 공정 무역 제품을 사는 소비자와 판매자 사이에 오가는 대화는 일반 시장과는 달랐다.

"이 초콜릿은 카카오를 따기 위해 아이들의 노동력을 착취한 제품이 아닙니다."

"3년 동안 농약을 뿌리지 않은 인도에서 생산한 유기농 면으로 만든 티셔츠예요."

물건을 사고파는 사람들에게 '싼값'이나 '명품 브랜드'는 중요치 않았다. 이들의 관심사는 오직 제품에 숨겨진 '생산자들의 이야기'였다.

초등학교 4학년 딸과 함께 행사장을 찾은 한 주부는 "가난한 나라 사람들이 만든 물건을 정당한 값에 사는 게 공정 무역."이라고 딸에게 설명한 뒤 빵과 초콜릿을 샀다. '불공정무역 두더지 잡기 놀이'도 인기를 끌었는데, 시민들은 공정 무역 농장을 망치는 두더지를 잡으면서 신나게 놀았다.

네팔에서 만든 안대를 산 시민은 "값이 좀 비싸도 공정 무역 제품을 사고 싶지만, 아직 접할 기회가 많지 않아 아쉽다."고 말했다.

KTV한국정책방송 등 참조

생각이 쑤욱

1 아래 예를 든 뜻풀이에 맞는 단어들을 보기에서 찾으세요.

(보기) 수출, 교역, 거래, 수입, 무역

1	무역을 할 때 다른 나라에 파는 것을 말함.	
2	직접적인 물물 교환 행위.	
3	상인과 상인 또는 상인과 소비자 간에 사고 파는 행위.	
4	국가와 국가 사이에 화폐를 통해 이뤄지는 물품이나 서비스의 이동을 말함.	
5	무역을 할 때 다른 나라에서 사오는 것을 말함.	

2 나라들끼리 무역이 왜 이뤄지며, 무역을 통해 얻는 이점은 무엇인지 두 가지씩 들어보세요.

무역이 이뤄지는 까닭
1
2

무역의 이점
1
2

3 공정 무역을 하면 생산자와 소비자에게 각각 어떤 점이 좋은지 두 가지씩 생각해 보세요.

생산자
1
2

소비자
1
2

머리에 쏘옥

공정 무역 제품을 만드는 나라

공정 무역 제품을 만드는 나라는 인도와 파키스탄, 에티오피아 등 우리보다 가난한 나라가 많아요.

이 나라들이 원래 가난했던 건 아닙니다. 과거에는 다른 나라들보다 자연환경이 좋아 농작물이 풍부하게 생산되어 잘살았던 적도 있어요. 예를 들면 커피는 기후가 따뜻하고 산이 있는 지역에서 잘 자라기 때문에 페루 같은 중남미 국가나 에티오피아 같은 아프리카에서 많이 재배해요. 인도는 옷감을 가장 많이 만드는 나라고요.

하지만 미국이나 유럽의 강대국들이 커피, 과일, 옷을 사갈 때 불공정한 무역을 하면서 아무리 열심히 일해도 가난을 벗어나기 어려워졌답니다.

공정 무역이 발전하면서 이들 아프리카와 중남미, 아시아의 가난한 나라들이 도움을 많이 받고 있어요.

▲에티오피아에서 커피 농사를 짓는 농부.

생각이 쑤욱

4 공정 무역 방식으로 정당한 가격에 파키스탄 어린이들이 만드는 축구공을 산다면, 소니아의 생활이 어떻게 변화될지 두 가지만 말해 보세요.

5 아래에 제시한 기사에서 나이키는 어떤 변화를 겪었을지 밑줄 친 곳에 들어갈 내용을 생각해 보세요.

> 1996년 미국의 스포츠 용품 업체인 나이키는 공장에서 자기네 회사 축구공을 꿰매는 소년(사진)의 사진 한 장이 공개되는바람에 한바탕 몸살을 앓았다. 파키스탄의 12세 소년 타릭이 나이키 상표가 붙은 축구공을 꿰매는 사진 때문에 당시 나이키는 어린이 노동 착취 기업이란 비난을 받아야 했다. 또 주가와 매출도 함께 떨어지는 쓰라린 경험을 맛봐야 했다. 그 뒤 나이키는 _____

머리에 쏘옥

공정 무역으로 가난을 극복했어요

우간다에 사는 이렌은 열 살이에요. 이렌의 엄마는 커피 농사를 짓지만, 아무리 열심히 일해도 커피 콩을 제값에 팔지 못해 늘 가난했어요. 70킬로그램짜리 한 자루에 1달러도 못 받고 팔았지요.

어느 날 이렌의 엄마를 찾아온 사람들이 공정 무역 협동조합에 가입하면 공정 무역 회사와 직거래를 통해 제값을 받을 수 있다고 말했어요. 대신 유기농 원두를 생산해야 하기 때문에 커피나무에 농약을 치면 안 된다고 했어요. 어린 이렌에게도 일을 시키면 안 된다는 조건도 붙었지요.

3년간 약속을 지켜 내 공정 무역 업체로 인정을 받았더니 모든 것이 달라졌어요. 제값에 원두를 팔아 돈이 모이기 시작했던 것이지요. 이렌은 이제 끼니 걱정을 하지 않아도 돼요. 중학교에도 다닐 계획이랍니다.

생각이 쏘옥

6 공정 무역의 문제점을 지적하는 사람들에게 아래 제시한 기사를 참고해 공정 무역이 왜 필요한지 1분 동안 설득하세요.

> 공정 무역은 원조나 기부가 아니다. 가난한 나라에 일방적으로 원조하기보다 그 나라의 생산자들이 스스로 자립할 수 있도록 공정한 거래를 하자는 것이다. 한 전문가는 "자유 무역으로 교역량이 늘어날수록 혜택을 보는 것은 거대 기업과 일부 부자 나라뿐"이라며 "가난한 나라 국민은 부자 나라들이 원조하는 것만 받으면 자립 능력을 잃는다."고 강조했다.

머리에 쏘옥

세계공정무역의 날

5월 둘째 주 토요일은 세계공정무역기구(WFTO)에서 정한 '세계공정무역의 날'이에요.

해마다 이날에는 70여 개 나라에서 많은 단체들이 모여 축제를 엽니다. 우리나라도 공정무역의 날 행사를 합니다. 공정 무역을 하는 단체나 기업들이 한곳에 모여 공정 무역 상품을 소개하고, 공정 무역을 널리 알린답니다.

▲ '세계공정무역의 날'에 한 공정 무역 단체가 공정 무역 상품인 커피를 나눠 주고 있다.

7 '세계공정무역의 날'에 공정 무역을 널리 알릴 수 있는 행사를 두 가지만 생각해 보세요.

행복한 논술

　나라들끼리 서로 이익을 얻기 위해 상품을 사고파는 무역을 합니다. 하지만 자유 무역을 하면 가난한 나라의 노동자들은 힘들게 일해도 공정한 대가를 받지 못합니다. 강대국과 대기업들이 중간에서 이익을 가로채기 때문입니다. 이런 문제를 해결하기 위해 나온 것이 공정 무역입니다. 가난한 나라와 무역할 때 생산자와 직거래를 통해 제대로 값을 쳐주고 상품을 사도록 하는 것입니다. 공정 무역이 활성화되면 가난한 나라의 생산자가 물건 값을 제대로 받을 수 있기 때문에 경제적으로 자립할 수 있습니다. 우리나라도 공정 무역을 발전시키려면 소비자와 기업, 정부가 모두 사회적 약자를 배려하고 환경을 보호하는 자세가 필요합니다.

공정 무역이 왜 등장했으며, 우리나라에서 공정 무역이 뿌리 내리게 하려면 국민과 기업, 정부가 각각 어떤 노력을 해야 하는지 설명하세요(500~600자).

07 안용복 같은 '독도 전사'가 되자

▲서울시 서대문구에 있는 독도체험관을 찾은 초등학생들이 독도 모형을 살피고 있다.

일본이 초등학교와 중학교 교과서에 독도는 일본 땅이란 거짓 주장을 의무적으로 실어 가르치기로 결정했습니다. 독도는 우리나라가 현재 지배하고 있으며, 신라 시대부터 우리 땅입니다. 일본이 독도를 빼앗으려는 까닭을 알고, 독도를 지킬 수 있는 방법을 탐구합니다.

이런 걸 공부해요

이슈 이대로 있으면 독도 빼앗긴다

◆ 일본 초등생도 '독도는 일본 땅'으로 배워
◆ 일본은 독도를 왜 노리나

토론 독도를 알고 홍보해야 지킨다

◆ 독도가 우리 땅인 근거 알고 세계에 알려야
◆ 우리 땅 독도를 지키는 사람들

이슈: 이대로 있으면 독도 빼앗긴다

일본 초등생도 '독도는 일본 땅'으로 배워

일본이 독도를 자기네 땅이라고 거짓 주장하는 강도가 갈수록 세지고 있다.

일본은 2020년부터 자기 나라 초등학교와 중학교(2021년) 교과서에 '독도는 일본 땅'이라는 거짓 내용을 의무적으로 넣도록 했다고 2017년 3월에 발표했다.

일본이 교과서에 독도를 자기네 땅이라는 거짓 주장을 하기 시작한 것은 1956년 고등학교 지도책에 독도를 '다케시마'로 적고, 자기네 땅에 넣은 것이 처음이다. 그 뒤 독도를 일본 땅으로 적은 교과서가 많이 나왔지만, 이러한 내용을 법적으로 넣어 가르치도록 한 것은 이번이 처음이다.

독도는 우리나라 동쪽 끝에 있는 우리 땅이다. 우리 주민이 살며, 우리가 지배하고 있다. 독도는 과거 신라 시대부터 우리 땅이었는데, 1905년 일본에게 빼앗겼다가 1946년 돌려받았다. 그런데 일본은 그 뒤 틈만 나면 독도를 자기네 땅이라고 우겼다.

▲'독도는 일본 땅'이라고 적힌 일본의 중학교 역사 교과서들.

▲일본의 시마네현은 2005년부터 2월 22일을 '다케시마의 날'로 정해 기념하고 있다.

일본이 이처럼 학생들이 배우는 교과서에까지 독도를 자기네 땅이라 거짓 주장하는 까닭은, 독도를 국제 분쟁 지역으로 만들어 다시 빼앗기 위해서다.

전문가들은 일본 정부가 교과서를 통해 독도가 자기네 땅이라고 거짓 주장을 할 경우 나중에 두 나라의 미래 세대가 다투게 될 수밖에 없을 것이라고 걱정했다.

한국일보 기사 등 참조

이슈

일본은 독도를 왜 노리나

일본은 교과서 왜곡 외에도 2017년 4월에 다시 서도와 동도 등 독도를 이루는 섬 11곳에 일본식 지명을 제멋대로 붙였다. 일본이 이처럼 독도를 빼앗으려는 까닭은, 그만큼 독도의 가치가 크기 때문이다.

독도 주변에는 물고기 등 수산 자원이 풍부하다. 그리고 바다 밑에는 천연 가스인 메탄과 물이 높은 압력을 받아 만들어진 얼음 형태의 가스하이드레이트가 엄청나게 많다. 원유가 매장되어 있을 가능성도 있다. 지리적으로는 동해의 한복판에 있기 때문에 기상 관측과 해양 관측에 필요한 시설을 세우기에도 알맞다. 게다가 다른 나라의 군사적 움직임을 관찰하기에도 좋다. 우리 정부는 이러한 가치 외에도 독도에 다양한 동식물이 살기 때문에 1999년부터 섬 전체를 보호 구역으로 지정해 보호한다.

▲가스하이드레이트에 불을 붙인 모습. 독도 주변 바다 밑에는 6억 톤이 매장되어 있는 것으로 추정된다.

▲독도에 설치된 기상 관측 기계. 온실가스의 수치를 재는 기능도 있다.

그런데 일본이 독도를 빼앗을 경우 독도뿐만 아니라 독도를 둘러싼 바다의 12해리(1해리는 1852미터)까지는 자기 나라의 영토처럼 주인이 될 수 있다. 그리고 사방 200해리까지의 바다는 배타적경제수역(EEZ)으로 지정되는데, 그 안에 있는 바다의 모든 자원이 일본 차지가 된다. 현재 두 나라 사이의 바다는 그리 넓지 않아 1998년 양국이 어업 협정을 맺어 배타적경제수역이 겹치는 부분은 공동 관리하고 있다.

서울신문 기사 등 참조

토론 독도를 알고 홍보해야 지킨다

독도가 우리 땅인 근거 알고 세계에 알려야

독도를 지키려면 정부와 국민이 하나가 되어 우리가 독도를 실제로 지배하고 있음을 국제 사회에 알려야 한다. 이렇게 하려면 독도가 우리 땅인 근거를 정확히 알고 논리적으로 대응할 수 있어야 하므로, 학교의 독도 교육을 강화할 필요가 있다. 학생들도 수업에서 배운 내용을 글로 쓰거나 동영상으로 제작해 유튜브 등에 올리면 효과적이다. 사이버 독도체험관 등을 둘러봐도 배경 지식을 기를 수 있다.

한국을 알리는 반크(VANK) 등 사이버 단체에 가입해 인터넷으로 독도를 홍보하거나, 독도를 '다케시마'로 표기한 외국 지도를 고쳐 달라는 이메일을 보내는 활동도 좋다. 반크의 경우 해마다 '사이버독도외교대사'를 뽑는데, 여기에 지원해 독도를 홍보해도 된다.

▲초등학생들이 독도 수업 시간에 만든 독도 캐릭터 티셔츠.

▲시민들이 삼일절에 '독도는 우리 땅'임을 알리는 행사를 열고 있다.

정부는 독도가 우리 땅이라는 사실을 국제 사회에 적극 홍보해야 한다. 일본은 2008년부터 독도가 자국 땅이라는 광고를 10개국 언어로 만들어 정부 홈페이지에 올렸다. 우리 정부는 또 독도가 예부터 우리 땅임을 증명하는 지도나 책자 등 자료를 많이 찾아 홍보물로 제작해 배포해야 한다. 독도 교육관도 곳곳에 지어 학생들이 어렸을 적부터 독도에 관한 지식으로 무장한 채 꼭 지켜야 하는 영토로 생각하게 만든다.

조선일보 기사 등 참조

토론

우리 땅 독도를 지키는 사람들

신라 시대 이사부 장군은 512년에 우산국(지금의 울릉도)을 점령해 울릉도와 그에 딸린 독도를 우리 땅으로 만들었다.

조선 시대에는 세종(재위 1418~50) 때부터 독도를 관리했다. 그러다 1696년 부산의 어부 안용복(?~?)이 일본에 가서 울릉도와 독도가 우리 땅임을 확인해 주는 일본 정부의 공식 문서를 받아왔다. 독도 주변에서 일본 어부들이 몰래 고기를 잡는 것에 항의하려고 건너가 얻은 수확이었다.

우리나라가 독도를 실제로 지배하는 데 가장 큰 역할을 한 것은 홍순칠(1929~86)이었다. 울릉도에서 살던 그는 경찰서 마당에 독도를 '다케시마'로 쓴 팻말을 발견하고, 화가 나서 독도를 지키기로 결심했다. 사람들을 모아 수비대를 만든 뒤 1953년 6월부터 3년 8개월 동안 국가의 도움 없이 독도에 침입한 일본인들과 일본 경찰에 맞서 독도를 지켰다.

▲부산 수영공원에 있는 안용복 동상.

▲독도에 거주하는 김성도(가운데) 씨.

독도 지킴이는 지금도 있다. 김성도 씨 부부는 1991년부터 독도에 주소를 옮긴 뒤 이곳에서 생활한다. 김 씨 부부의 독도 생활은 독도가 사람이 살지 못하는 암초일 뿐이라는 일본의 주장을 반박하는 근거가 된다. 유인도로 인정을 받으면 영해와 배타적경제수역을 정할 때 유리하다.

동아일보 기사 등 참조

생각이 쑤욱

1 일본의 학생들이 '독도는 일본 땅'이라는 내용이 적힌 교과서로 배우면 나중에 어떤 일이 벌어질지 세 가지만 들어보세요.

2 일본이 독도를 자기네 땅이라고 우기는 까닭은 무엇인가요?

3 독도가 우리 땅인 까닭을 1분 동안 설명하세요.

머리에 쏘옥

독도는 왜 우리 땅인가

어떤 땅이 한 나라에 속해 있는지 판단할 때는 지리적인 조건과 법적인 조건을 따집니다.

지리적으로 그 땅이 어느 나라에 더 가까이 있는지 보는 것이죠. 독도는 울릉도에서 87킬로미터쯤 떨어져 있어 맑은 날이면 울릉도에서 맨눈으로 볼 수 있답니다. 이에 비해 독도와 가장 가까운 일본 땅은 오키섬인데 독도에서 157킬로미터 떨어져 있어요.

국제법적으로도 독도는 우리 땅입니다. 한 나라가 어떤 지역을 자기네 영토로 만들려면 그 지역에 주인이 없어야 합니다. 또 그곳을 자국 영토로 삼는다는 국가의 발표가 있어야 하고, 자국 국민이 살거나 나라에서 관리하고 있어야 합니다.

독도에는 2명의 우리 국민이 살며, 경찰 출신 독도 경비대원들이 밤낮으로 지키고 있지요. 또 등대 관리원과 공무원이 등대와 레이더 기지 등 시설을 관리하고 있어요. 해마다 우리 국민 10만여 명이 독도에 방문합니다.

▲독도를 방문한 우리나라 사람들.

생각이 쏘옥

4 독도와 근처 바다에 사는 동식물을 정리하고, 우리나라가 독도를 보호 구역으로 정한 이유를 말해 보세요.

종류	이름
식물	
곤충	
바다 생물	
새	
보호 구역으로 정한 까닭	

머리에 쏘옥

독도의 자연

독도는 바닷속 깊은 곳에서 화산이 폭발할 때 나온 용암이 굳어져 만들어진 섬입니다. 원래는 하나의 섬이었지만, 오랜 세월 동안 파도와 바람에 바위가 깎이면서 오늘과 같이 2개의 큰 섬과 89개의 작은 바위섬으로 나뉘었지요.

독도에는 메마른 흙과 강한 바닷바람에 적응한 왕호장근과 바위채송화 등의 키 작은 식물과 작은멋쟁이나비, 된장잠자리 등의 곤충이 삽니다.

주변 바다는 따뜻해서 산호류, 붉은얼룩참집게, 청황베도라치, 끄덕새우, 곤봉바다딸기 등 여러 생물이 살지요.

먹이가 풍부해서 물수리와 괭이갈매기 등 약 160종의 새가 찾아옵니다.

독도는 사람의 발길이 많이 닿지 않아 생태계를 그대로 보전하고 있으며, 독도에만 사는 독특한 생물들이 있어 가치가 큽니다.

▲괭이갈매기의 모습.

5 일본에 맞서 독도를 지키는 방법을 놓고 의견이 엇갈렸는데, 내 생각은 어떤지 1분 동안 말해 보세요.

독도는 우리나라가 실제로 지배하는 땅이야. 일본이 원하는 것은 국제 사회의 관심을 끌어 독도를 분쟁 지역으로 만들려는 거야. 그러니 적극적으로 대응하지 말고 경비대와 주민이 독도를 지키도록 하는 게 나아.

독도를 우리나라가 실제로 지배한다고 방심할 수는 없어. 일본은 국제적으로 독도가 자국 땅이라고 적극 알리고 있잖아. 우리도 그들의 잘못된 주장을 바로잡고 독도가 우리 땅임을 적극적으로 알리는 것이 나아.

생각이 쑥

6 독도를 지킨 사람들 가운데 한 명을 골라 칭찬 일기를 써 보세요.

이름	
한 일	
칭찬받을 이유	

7 아래 글을 읽은 뒤, 반크(VANK) 회원의 입장에서 일본 정부의 요구에 반박하는 항의 편지를 쓰세요.

> 일본 정부가 2018년 평창동계올림픽 홈페이지에 있는 '독도'라는 문구를 지워 달라고 요구했다. 일본 정부는 '올림픽을 나라 간의 싸움에 이용하는 것은 옳지 않다'며, 독도라는 이름을 쓴 것과 독도가 한국 땅으로 표시된 것에 불만을 나타냈다.

머리에 쏘옥

반크(VANK)의 활약

반크(VANK)는 한국을 알고 싶어 하는 사람들에게 이메일을 통해 정보를 알려 주는 사이버외교사절단입니다.

반크가 만들어진 것은 1999년 1월 1일입니다. 당시 한국을 알리는 전용 사이트를 만든 뒤, 해외의 주요 사이트를 운영하는 기관에게 이메일을 보내 한국에 관해 잘못된 정보를 고쳐 달라고 요청하기 시작했지요.

회원들을 모아 세계에 한국을 알리고, 각국의 정부와 출판사, 지도 제작사, 포털 사이트에 일본해 대신 '동해'로, 다케시마 대신 '독도'로 고쳐 달라는 이메일을 보내기도 했습니다. 이들의 노력 덕분에 한국에 관한 잘못된 정보 3000여 개가 수정되었답니다.

▲독도 지키기 운동을 하는 반크의 홈페이지.

> **행복한 논술**

일본 정부가 자기 나라 초등학생과 중학생들이 배우는 교과서에 독도가 일본 땅이라는 거짓 주장을 의무적으로 포함시키도록 했습니다. 독도를 대한민국에게 빼앗겼고, 되찾아야 할 땅임을 어렸을 적부터 심어 주기 위한 계산입니다. 이러한 일본의 거짓 주장에 맞서 독도를 지키려면 독도가 왜 우리 땅인지 근거부터 알고 논리적으로 설명할 수 있어야 합니다. 학교에서는 독도 교육을 강화해야 하며, 정부는 독도가 우리 땅이라는 증거를 많이 찾아 국제 사회에 널리 알려야 합니다.

독도가 우리 땅인 까닭을 설명하고, 독도를 빼앗으려는 일본에 맞서 독도를 지킬 수 있는 방법을 말해 보세요(500~600자).

08 피라니아가 우리 강에서 산다면…

▲ 충북 청주의 한 습지에서 외래 동물인 아프리카발톱개구리가 토종 동물인 참개구리와 짝짓기를 하고 있다.

　피라니아나 황소개구리, 뉴트리아 등 과거 우리나라에서 볼 수 없던 외래 동물이 최근 많이 들어오고 있습니다. 이들 일부 외래종은 우리 환경에 적응하며 빠르게 번식해 생태계를 위협하고 있습니다. 외래 동물이 늘어나는 까닭과 생태계에 미치는 영향, 외래 동물이 일으키는 피해를 막는 방법을 탐구합니다.

이런 걸 공부해요

이슈 외래 동물 어떻게 들어오나
- ◆ 외래 동물이 토종 동물 밀어내 생태계 혼란
- ◆ 돈 벌려고 수입… 좋지 않은 환경 이겨내고 적응

토론 외래 동물 피해 어떻게 줄일까
- ◆ 토종 동물 줄어들면 사람도 피해당해
- ◆ 버리지 않는 것이 우선… 친적 이용해 수 줄여야

이슈 | 외래 동물 어떻게 들어오나

외래 동물이 토종 동물 밀어내 생태계 혼란

2015년 7월 강원도 횡성의 한 저수지에서 열대 지방에서 서식하는 육식 어종인 **피라니아** 세 마리와 **레드파쿠** 한 마리가 발견되었다. 이에 따라 정부는 이들 물고기가 저수지에 살며 우리 생태계를 어지럽힐 가능성이 있기 때문에 물을 모두 빼낸 뒤 조사했으나 더 발견되지는 않았다.

전문가들은 이들 물고기는 국내 하천에서는 수온이 낮아 살 수 없으므로 누군가 집에서 기르다 저수지에 버렸을 것으로 보았다.

피라니아나 레드파쿠처럼 과거 우리나라에서 볼 수 없던 외래 동물이 국내로 많이 들어오고 있다. 외래 동물은 우리나라에서 서식하지 않던 동물이 다른 나라나 지역에서 들어온 것을 말한다. 이에 비해 과거부터 우리나라에서 살며 생태계의 한 부분을 차지하는 동물들을 토종 동물이라고 한다.

▲ 위 사진은 저수지에서 잡힌 피라니아, 아래 사진은 피라니아를 잡기 위해 물을 모두 빼낸 저수지의 모습.

우리나라에 외래 동물이 많이 들어오면 토종 동물과 먹이 경쟁을 하거나 아예 토종 동물을 잡아먹게 된다. 우리나라의 외래 동물은 2014년 기준으로 1833종에 이른다. 이 가운데 특히 문제가 되는 것은 **천적**인 토종 뱀까지 잡아먹는 황소개구리처럼 먹이사슬을 파괴하고 생태계의 질서를 어지럽히는 종들이다.

서울신문 기사 등 참조

이런 뜻이에요

피라니아, 레드파쿠 남아메리카에 서식하는 육식성 민물고기. 두 종 모두 공격성이 강한데다 이빨을 가지고 있는데, 피라니아가 레드파쿠보다 이빨이 더 날카롭다. 피라니아의 몸길이는 30센티미터, 레드파쿠는 1미터까지 자란다.
천적 어떤 생물을 공격해 잡아먹거나 죽이는 다른 종의 생물.

이슈

돈 벌려고 수입… 좋지 않은 환경 이겨내고 적응

▲ 왼쪽 위부터 시계 방향으로 블루길, 황소개구리, 붉은귀거북, 뉴트리아.

우리나라에는 외래 동물이 최근 30년 사이 크게 늘어났다. 식용이나 모피용, 애완용으로 팔아 돈을 벌려는 사람들이 수입했기 때문이다.

대표적 외래 동물인 황소개구리는 1970년대 농가에서 식용으로 키워 팔 목적으로 미국에서 들여왔다. 토종 개구리보다 몸집이 큰데다 자라는 속도도 빠르고 번식력도 강하기 때문이다. 비슷한 시기에 뉴트리아도 프랑스와 불가리아에서 수입했다. 고기는 통조림이나 동물 사료의 원료로, 가죽은 옷이나 모자를 만드는 데 쓰인다. 큰입배스와 블루길도 당시 식량이 부족해 강에 풀어 키워 잡아먹을 목적으로 미국에서 수입했다. 적응력이 뛰어나고 번식력이 강해 빠른 속도로 수를 불릴 수 있었다. 붉은귀거북은 1980년대 후반부터 애완용으로 크게 유행하며 국내에 많이 퍼졌다. 하지만 이들 외래 동물이 예상보다 돈이 되지 않거나 키우기가 까다롭자 많은 수가 자연에 버려졌다.

무역을 하는 과정에서 수입품에 섞여 들어오거나, 중국 원산인 꽃매미처럼 바람에 실려 들어오기도 한다.

이들 외래 동물은 추운 겨울 등 좋지 않은 환경을 이겨 내고 토종과 경쟁하며 서식하는 종이 많아졌다. 지금은 지구 온난화 때문에 외래 동물이 살아남기 더 좋은 환경으로 바뀌었다. 게다가 외래 동물은 천적이 없는 경우가 많아 그 수가 빠르게 늘어나고 있다.

동아일보 기사 등 참조

이런 뜻이에요

붉은귀거북 미국이 원산인 거북. 등딱지는 진초록이며, 눈의 바로 뒤쪽에 붉은 점이 있다. 수컷은 몸길이가 15센티미터, 암컷은 20~29센티미터까지 자란다.

외래 동물 피해 어떻게 줄일까

토종 동물 줄어들면 사람도 피해당해

경기도 팔당호에 사는 물고기 열 마리 가운데 여덟 마리는 외래 어종이다. 원래 팔당호에 살던 대다수 토종 물고기는 큰입배스에게 잡아먹혔다. 큰입배스는 작은 물고기뿐 아니라 다른 물고기들이 낳은 알까지 모두 먹어 치워 먹이사슬을 파괴한다.

국립생태원이 2014년 전국 12곳의 대형 호수를 조사한 결

▲ 도시의 건물 벽에 지은 등검은말벌의 집(왼쪽 사진)과 등검은말벌(오른쪽 사진)

과 6곳에서 외래 어종이 토종보다 많은 것으로 나타났다. 외래 동물들은 이처럼 경쟁 관계인 토종을 마구 잡아먹거나 먹이까지 씨를 말려 토종들이 서식할 수 없게 만든다. 한마디로 토종으로 균형을 이루던 우리나라의 건강한 생태계가 무너지는 것이다. 생태계가 무너지면 사람에게도 피해가 돌아올 수밖에 없다. 예를 들면 꽃가루를 옮겨 열매를 맺도록 돕는 꿀벌이 멸종할 경우 과일 농사를 망치게 된다.

공격성이 강한 외래 동물이 사람들을 위협하는 것도 문제다. 2003년 처음 발견된 등검은말벌은 매우 강한 독성을 지녔는데, 이들은 꿀벌과 파리는 물론 음료수캔에 남겨진 음료를 먹이로 삼아 도시에서 서식한다. 등검은말벌의 독성은 꿀벌의 20배에 이르기 때문에 사람이 쏘였을 경우 심하면 사망에 이를 수도 있다.

문화일보 기사 등 참조

이런 뜻이에요

국립생태원 환경을 보전하고 올바른 환경 의식을 길러 주기 위해 만든 환경부 밑의 기관. 생태계에 관한 조사와 연구, 전시, 교육 등을 담당한다.
등검은말벌 동남아가 원산인 말벌. 몸길이는 2~3센티미터이며, 가슴과 등판은 물론 머리 뒤편이 검은색을 띤다.

토론

버리지 않는 것이 우선… 천적 이용해 수 줄여야

외래 동물이 그대로 우리 생태계에 들어갈 경우 토종 동물은 밀려나기 쉽다. 외래 동물은 적응력이 강하고 천적이 없기 때문이다. 따라서 집에서 기르던 외래 동물을 자연에 함부로 버리지 말아야 한다.

우리나라에 들어오면 피해가 큰 동물은 들여오지 못하게 막거나 기르다 함부로 자연에 버리지 못하게 하는 법을 만들 필요도 있다. 학교에서도 토종 동물의 중요성과 외래 동물의 위험성을 알리는 교육을 해야 한다.

천적을 이용해 외래 동물의 수를 줄이는 방법도 있다. 꽃매미는 벼룩좀벌로, 황소개구리는 능구렁이나 수달, 백로 등을 풀어놓으면 그 수를 줄일 수 있다. 천적이 생태계에 자리를 잡으면 외래 동물을 잡아먹거나 죽여서 그 수를 조절한다.

천적이 없을 경우 사람이 직접 잡아 수를 줄여야 한다. 예를 들면 외래 동물을 잡아오는 사람에게 상금을 주거나 외래 동물 잡기 대회를 여는 것이다. 큰입배스나 블루길처럼 고기를 먹을 수 있는 물고기는 식용으로 쓸 수 있다는 점을 적극 알린다. 또 이들 물고기를 이용해 새로운 조리법을 개발하는 대회를 열거나, 현장에서 요리를 맛볼 수 있는 행사를 열어도 효과를 낼 수 있다.

▲ 강원도에서 2010년 발견된 미국너구리(라쿤, 위 사진)와 아메리카밍크(아래 사진). 미국너구리는 원래 북아메리카와 중앙아메리카에 살며, 아메리카밍크는 북아메리와 유럽에 산다.

조선일보 기사 등 참조

이런 뜻이에요

벼룩좀벌 벌과의 곤충으로 벌이나 나비, 딱정벌레 등에 기생해서 산다. 몸길이는 1~2밀리미터인데, 날개가 없는 것도 있다.
능구렁이 우리나라에서 흔히 볼 수 있는 성질이 사납고 독이 없는 뱀. 몸길이는 0.7~1.2미터이며, 개구리나 쥐, 작은 새 등을 잡아먹는다.
수달 주로 물에서 생활하는 족제빗과의 동물. 몸길이는 63~75센티미터이며, 메기와 미꾸라지 등의 물고기를 먹이로 한다.

생각이 쑤욱

머리에 쏘옥

피라니아의 위험성

피라니아(사진)는 열대 지방인 남아메리카에 사는 육식성 민물고기입니다. 공격성이 강해 물을 건너는 소나 양도 떼를 지어 습격해 먹어 치울 정도랍니다.

물의 온도가 24~30도에서 서식하므로 우리나라의 하천에 버려질 경우 겨울에 수온이 10도 이하로 내려가면 살 수 없다고 합니다.

하지만 피라니아와 비슷한 환경에서 서식하던 황소개구리나 뉴트리아도 우리나라의 환경에 적응해 살아남았다는 사실에 주목해야 합니다. 피라니아가 겨울을 이겨 내고 자리를 잡는다면 하천이나 강의 생태계는 망가질 수 있습니다.

1. 정부는 왜 피라니아와 레드파쿠가 발견된 저수지의 물을 모두 빼내고 이들 물고기가 더 있는지 조사했나요?

2. 아래 표는 우리나라에 들어온 외래 동물들입니다. 이들 동물이 각각 어떻게 들어왔는지 설명하세요.

외래 동물	들어온 경로
황소개구리	
뉴트리아	
붉은귀거북	
큰입배스와 블루길	
꽃매미	

3. 전문가들이 우리나라에 외래 동물이 앞으로 더 늘어날 것으로 예상하는 까닭을 두 가지만 들어보세요.

생각이 쑤욱

4 자연 생태계는 한 번 파괴되고 나면 다시 회복시키기 어려운데, 그 이유를 예를 들어 설명하세요.

5 우리 자연 생태계에 피해를 주는 외래 동물들은 사람들이 기르다 버린 것이 적지 않습니다. 외래 동물을 집에서 기를 때 주의해야 할 점을 다섯 가지만 들어보세요.

▲ 족제빗과에 속하는 페릿은 자연에 버려지면 쥐나 작은 곤충을 잡아먹고 산다.

머리에 쏘옥

생태계

생물이 서식하는 환경과 그 환경에서 사는 생물을 합쳐서 가리키는 말입니다. 생태계는 어항처럼 작은 것부터 숲이나 바다처럼 큰 것까지 다양합니다.

생태계를 이루는 생물 수가 균형이 어긋날 경우 그 생태계는 결국 파괴되고 맙니다. 파괴된 생태계를 원래 상태로 회복시키려면 시간과 비용이 많이 먹힙니다.

먹이사슬

생태계를 이루는 생물이 먹고 먹히는 관계를 연결한 것을 가리킵니다.

벼는 초식 동물인 메뚜기에게 먹히고, 메뚜기는 육식 동물인 거미의 먹이가 됩니다. 그리고 메뚜기나 거미는 개구리의 먹이가 되지요. 개구리는 다시 백로에게 잡아먹힙니다.

생태계의 먹이 관계는 한 가지로만 되어 있는 것은 아닙니다. 한 동물이 여러 가지 먹이를 먹고, 또 여러 동물에게 잡아먹히므로 세로로만 연결된 게 아니라 가로로도 연결되어 있지요.

따라서 하나의 먹이사슬만 있는 경우는 드물고, 그물처럼 복잡하게 연결되어 있습니다. 이것을 먹이그물이라고 합니다.

생각이 쑤욱

6 판사의 입장에서 외래 동물을 기르다 자연에 풀어 주는 사람들에게 벌을 주려고 합니다. 벌의 종류와 벌을 주는 까닭도 말해 보세요.

벌의 종류

벌을 주는 까닭

7 외래 동물의 피해를 줄이려면 개인과 정부가 모두 노력해야 합니다. 각각의 할 일을 두 가지씩 대세요.

개인	
정부	

머리에 쏘옥

외래 동물이 주는 피해

우리나라의 생태계에 피해를 주는 대표적인 외래 동물은 황소개구리와 붉은귀거북 등입니다.

황소개구리는 물고기와 토종 개구리는 물론 천적인 뱀까지 잡아먹어 토종의 씨를 말리고, 먹이사슬마저 파괴합니다.

붉은귀거북은 야채와 각종 어류를 가리지 않고 먹어 치워 피해를 줍니다. 세균에 감염되어 사람에게 질병을 옮길 수도 있습니다.

큰입배스와 블루길은 먹성이 좋아 벌레와 작은 물고기를 닥치는 대로 잡아먹어 먹이사슬을 파괴합니다.

뉴트리아는 야채와 과일, 벼, 보리 등의 농작물을 먹어치워 농민을 괴롭힙니다. 특히 둑이나 논두렁, 댐에 굴을 파는 습성이 있어 물이 새거나 둑이 무너지게 할 수 있습니다.

꽃매미는 나무에 붙어 수액을 빨아먹어 시들게 합니다. 꽃매미의 배설물이 묻은 과일과 잎은 검은 반점이 생겨 보기에 흉합니다.

▲ 토종 개구리를 잡아먹는 황소개구리.

행복한 논술

강원도의 한 저수지에서 2015년 7월 열대 어종인 피라니아와 레드파쿠가 발견되어 저수지 물을 모두 빼내는 소동이 벌어진 적이 있습니다. 이들 어종이 환경에 적응해 번식할 경우 생태계를 파괴할 우려가 크기 때문이었죠. 우리나라에 최근 외래 동물이 많이 들어오는데, 이들 외래종은 번식력이 강한데다 닥치는 대로 토종 생물을 먹어 치우는 바람에 생태계 파괴의 주범이 되었습니다. 더구나 외래종은 천적이 없어 그 수를 줄일 방법도 별로 없습니다. 전문가들은 이들 외래종 대다수가 아열대가 원산지여서 지구 온난화에 따라 우리나라에서 자리를 잡고 살 가능성이 크다고 합니다. 따라서 외래 동물의 피해를 줄이기 위한 노력이 필요합니다.

우리나라에 외래 동물이 어떻게 들어오는지 밝히고, 외래 동물이 주는 피해와 그 피해를 줄일 대책을 설명하세요(500~600자).

09 한산모시짜기 아세요

▲왼쪽부터 시계 방향으로 2011년에 세계무형유산에 이름을 올린 줄타기, 택견, 한산모시짜기 모습.

유네스코는 해마다 인류를 위해 보존해야 할 가치가 큰 세계무형유산을 선정해 보호하고 있습니다. 우리나라의 세계무형유산은 2016년에 등재된 제주해녀문화를 포함해 19건입니다. 이 가운데 2011년 한꺼번에 등재된 택견과 줄타기, 한산모시짜기를 탐구하며, 무형문화재가 무엇이고 어떤 가치를 지니는지 알아봅니다. 우리 무형문화재를 어떻게 하면 잘 이어받아 후손에게 물려줄 수 있는지도 공부합니다.

이런 걸 공부해요

이슈 세계가 인정한 우리 무형 유산
- ◆ 택견, 줄타기, 한산모시짜기 세계무형유산에 올라
- ◆ 택견, 줄타기, 한산모시짜기 어떤 문화재인가

토론 무형문화재를 살리려면…
- ◆ 전승 활동 지원금과 기능 보유자 수 늘려야
- ◆ "줄타기는 내가 지킨다"

이슈

세계가 인정한 우리 무형 유산

택견, 줄타기, 한산모시짜기 세계무형유산에 올라

택견과 줄타기, 한산모시짜기가 유네스코 세계무형유산으로 이름을 올린 것은 2011년 11월이다. 인도네시아 발리에서 열린 제6차 유네스코 무형유산위원회에서 세계무형유산으로 등재 결정되었다.

우리나라는 2016년 11월에 등재 결정된 제주해녀문화와 함께 모두 19건의 유네스코 세계무형유산을 보유하고 있다.

맨손 겨루기 무예인 택견은 차고 때리는 기술보다는 상대의 힘이나 허점을 이용해 걸어 넘어뜨리는 동작이 기본인데, 세계 전통 무예 가운데 처음으로 세계무형유산에 올랐다. 유네스코는 여러 세대에 걸쳐 계승된 전통 무예로, 전승자들 간의 협력을 강화한다고 평가했다.

▲해마다 11월에 열리는 유네스코 무형유산위원회에서는 여러 나라에서 신청한 무형 유산을 심사해 세계무형유산 등재 여부를 결정한다.

줄타기의 경우 "관객을 즐겁게 하는 한국 전통 음악과 동작, 상징적인 표현이 어우러진 복합적인 성격의 전통 공연 예술로서, 인간의 창의성을 보여 주는 유산."이라고 인정했다.

한산모시짜기는 옷감을 짜는 전통 기술뿐만 아니라 공동체의 결속력을 강화하는 기능을 높게 인정받은 것으로 알려졌다. 세계무형유산에 오르면 무형 유산 보호에 필요한 기술과 기금을 유네스코에서 지원 받을 수 있다. 우리 무형 유산에 대한 세계적 관심이 커져 관광 수입도 늘어날 수 있다.

국민일보 기사 등 참조

이런 뜻이에요

무형 유산 연극·음악·무용·공예 기술 같은 형태가 없는 문화재를 말한다.
유네스코 세계무형유산 세계적으로 보존할 가치가 있는 각 나라의 민간 전통과 각종 언어, 설화, 풍습, 음악, 무용, 수공예, 건축 등 무형 유산을 유네스코가 2001년부터 지정해 보호한다. 각 나라의 무형문화재 가운데 등재를 신청할 수 있다.

이슈

택견, 줄타기, 한산모시짜기 어떤 문화재인가

유네스코 세계무형유산인 택견과 줄타기, 한산모시짜기의 유래와 특징을 알아본다.

◇택견=손과 발을 순간적으로 유연하게 움직여 생기는 탄력으로 상대를 제압하고 자기 몸을 방어하는 전통 무술이다. 주로 발로 차거나 걸어 상대를 쓰러뜨리는 것으로 승부를 낸다. 고구려 고분 벽화에 택견을 하는 모습이 나오는 걸로 보아 삼국 시대에 시작되었을 것으로 보인다, 고려 때는 기술이 더 발전해 무인들의 무예로 성행했다. 조선 시대에는 일반인도 즐겼다.

▲택견에서 대련하는 모습.

◇줄타기=공중에 맨 줄 위에서 재미있는 이야기과 발림(몸짓)을 섞어가며 갖가지 재주를 부리는 전통 놀이다. 중국 한나라 때 생겼다는 설이 있으나, 정확한 기록은 없다. 줄타기는 줄광대와 어릿광대, 삼현육각잡이로 구성된다. 줄광대는 줄 위에서 놀고, 어릿광대는 땅 위에 서서 이야기한다. 삼현육각잡이는 장구, 피리, 해금 등으로 흥을 돋운다.

▲줄타기 하는 모습.

◇한산모시짜기=모시는 고대부터 이용된 직물인데, 모시풀의 가지를 꺾어 껍질을 벗긴 것이 재료다. 통일신라 때 당나라에 보낸 기록으로 보아 외국과 교역할 때 쓰인 것으로 보인다. 충남 한산의 한산모시는 먼저 모시풀에서 벗겨 낸 속껍질을 말려 만든 태모시를 쪼갠 뒤, 모시올을 연결하고 베틀을 이용해 짠다. 완성된 모시는 물에 적신 뒤 여러 번 햇빛에 말려 모시표백을 하면 흰 모시가 된다.

세계일보 기사 등 참조

▲한산모시를 짜는 사람들의 모습(위 사진)과 완성된 한산모시(아래 사진).

이런 뜻이에요

삼현육각 피리 2개, 해금, 대금, 북, 장구 등 6개의 악기.

무형문화재를 살리려면…

전승 활동 지원금과 기능 보유자 수 늘려야

▲화각장(중요무형문화재 제109호) 기능 보유자 이재만 씨. 화각장은 쇠뿔을 얇게 간 반투명한 판에 다양한 색채로 그림을 그려 넣은 장롱을 말한다.

우리 무형 유산을 지키고 발전시켜 이를 후손에게 물려주려면 어떻게 해야 하는지 알아본다.

◇무형문화재 보유자 지원 늘려야=중요무형문화재 보유자(인간문화재) 대다수는 다른 소득이 없어 생활하기 어렵다. 특히 비인기 분야의 기능 보유자들은 다른 일을 해서 생계를 잇기도 한다. 이렇게 되면 무형 유산을 제대로 전승시키기 어렵게 만든다. 따라서 정부에서 이들이 전승 활동을 마음 놓고 할 수 있도록 지원금을 늘려야 한다. 그리고 새로운 무형문화재를 발굴하고 계승하는 데 지원하는 돈도 아주 적으므로 이를 늘려야 한다.

◇무형문화재 심사 기준 마련해야=무형문화재의 세부 심사 기준이 없어 심사자의 주관에 따라 평가가 달라지기 쉽다. 따라서 객관적이며 구체적인 심사 기준을 마련해야 한다. 또 종목별로 보유자를 여럿 인정해야 한다. 보유자를 여럿 두면 보유자끼리 경쟁하므로 무형문화재의 질을 높일 수 있다.

◇비인기 종목 전수교육관 마련해야=중요무형문화재 관련 단체나 인간문화재는 각 지방자치단체가 만든 전수교육관에 들어가 전승·보존 활동을 한다. 하지만 인기가 없는 종목은 수익이 없어 교육관에 입주해도 관리비조차 내지 못한다. 따라서 정부나 지방자치단체에서 수익을 낼 수 있는 방안을 만들어 줘야 한다.

세계일보 기사 등 참조

토론

"줄타기는 내가 지킨다"

▲송승준 군이 줄타기를 연습하는 모습(왼쪽 사진)과 그의 스승인 김대균 명인.

"승준이 올라가 봐."

세계무형유산에 등재된 우리나라 중요무형문화재 제58호 줄타기. 이 분야에서 우리나라 유일의 인간문화재 김대균(1967~) 명인이 수제자인 송승준(2011년 당시 14) 군을 가르치고 있다.

송 군은 4년 전인 열 살 때 줄타기를 시작했다. 함께 줄타기를 시작했던 친구들 가운데 송 군만 포기하지 않았다.

송 군은 같은 동작을 벌써 한 달 넘게 연습하고 있다. 줄 위에서 떨어지기를 몇 번, 매트가 깔려 있어도 아플 수밖에 없다.

"'두 무릎 황새 두렁 넘기'라는 동작인데요. 제 생각대로 잘 안 돼 될 때까지 연습하고 있어요."

송 군의 연습은 집에서도 계속된다. 동영상을 보며 자신의 상태를 몇 번이고 점검한다.

줄타기를 시작한 뒤 송 군의 어머니는 항상 좋은 조언자가 되었다. 아직 어둠이 짙은 새벽이어서 학교에 가기엔 이른 시간인데도 송 군과 어머니는 집을 나선다. 송 군은 등교하기 전에 하루도 빠짐없이 연습장에 들러 한 시간씩 연습한 뒤 학교로 향한다.

아무도 없는 연습장에서 홀로 연습하는 송 군은 강한 열정만큼 줄타기에 대한 포부도 크다.

"꾸준히 줄타기를 해 김대균 선생님보다 더 뛰어난 줄광대가 되는 것이 꿈입니다."

KBS 뉴스 등 참조

생각이 쑤욱

1 빈칸에 무형문화재와 유형문화재의 다른 점과 같은 점을 쓰세요.

제목	무형문화재	유형문화재
종류		문서, 그림, 공예품 등
뜻		
가치		

2 트위터나 페이스북 등 SNS를 이용하면 세계인에게 정보를 빠르게 전달할 수 있어요. 트위터에 줄타기를 자랑하세요(140자 안팎).

3 택견이 어떤 무술인지 아래 빈칸에 맞게 채우세요.

역사성	
경기 방법	
우수성	

머리에 쏘옥

무형문화재와 유형문화재

무형문화재란 역사적·예술적·문화적 가치가 큰 형태가 없는 문화재를 말합니다. 형태가 없는 만큼 그 기능을 지닌 사람을 문화재로 지정하지요. 연극, 음악, 무용, 공예, 무예, 의식, 놀이 등을 들 수 있습니다. 특히 이러한 기능을 보유한 사람을 인간문화재라고 합니다. 그 기능을 후계자에게 전수할 수 있도록 하는데, 비용은 정부나 지방자치단체에서 부담합니다.

유형문화재는 역사적·예술적으로 보존할 가치가 있는 문화재 가운데 일정한 형태를 지닌 문화재를 말합니다. 불상이나 탑 등 건조물, 책, 글씨, 그림, 고문서, 조각, 도자기 등의 공예품이 있습니다. 사람의 손을 거치지 않은 자연물은 제외됩니다.

▲2016년 9월 경주 지진으로 일부(붉은 원 안)가 파손된 세계문화유산인 불국사 다보탑.

생각이 쑤욱

4 해마다 6월이면 충남 서천군에서 '한산모시문화제'가 열려요. 문화제에 넣고 싶은 행사 아이디어를 두 가지만 내보세요.

☞한산모시로 전통 한복과 현대 의상을 만들어 맵시를 뽐내는 외국인 패션쇼를 연다.

행사 아이디어 ①

행사 아이디어 ②

머리에 쏘옥

한산모시축제

한산모시축제는 해마다 6월 충남 서천군 한산면 한산모시관이 있는 지역에서 펼쳐집니다. 1500여 년을 이어 온 한산모시의 전통 문화를 이해하고, 천연 섬유의 역사를 배우며, 모시옷과 모시 공예품을 감상할 수 있지요. 한산모시의 길쌈 과정과 패션쇼를 영상으로 보여 주고, 다양한 모시 제품과 모시 작품도 선보입니다. 한산모시 소재 공예품 공모전도 열리며, 한산모시 공예품과 자수 체험, 조각보 체험, 한산모시 접기 체험 행사도 진행합니다. 모시광장에서는 태모시 만들기, 모시 째기와 삼기, 꾸리 감기, 모시 날기, 모시 짜기 등 모시의 제작 과정을 배울 수 있습니다.

▲한산모시축제의 모시옷 패션쇼.

5 예능이나 기술도 미래에는 훌륭한 무형문화재가 될 수 있습니다. 주변에서 미래에 무형문화재가 될 만한 것이 있다면 추천하고, 추천 이유도 밝히세요.

생각이 쑥쑥

6 무형문화재 전승의 맥이 끊기면 어떤 일이 벌어질지 두 가지만 말해 보세요.

7 무형문화재를 이어받아 발전시키려면 어떤 사람들이 참여해 어떤 노력을 기울여야 할까요?

공무원:

인간문화재:

머리에 쏙쏙

무형문화재 전승의 뜻

무형문화재는 사람이 가지고 있는 기능이나 예술을 말하지요. 여기에는 민족의 얼과 예술적 특성, 기술 수준 등이 담겨 있습니다. 형체가 없기 때문에 후대에 제대로 전해 주지 않으면 맥이 끊겨 사라지게 됩니다.

지금의 문화는 과거의 문화 유산을 바탕으로 발전했습니다. 전통 문화를 계승 발전시키지 않으면 미래의 발전도 기대하기 어렵다는 말입니다. 그래서 국가에서 중요한 무형문화재의 전승 활동에 필요한 돈을 법으로 정해 지원하는 것이랍니다.

▲2016년 유네스코 세계무형유산에 오른 제주해녀문화.

행복한 논술

우리나라에는 택견과 줄타기, 한산모시짜기 등 세계가 인정한 무형 유산이 적지 않습니다. 하지만 적지 않은 우리 무형 유산들이 무관심 속에 사라질 위기에 놓여 있습니다. 무형 유산의 맥이 끊기면 민족의 전통과 혼이 사라지는 것과 같습니다. 따라서 무형의 문화 유산을 이어받아 발전시키고 후손에게 물려주려면 정부의 지원과 국민의 관심이 필요합니다.

무형 유산의 중요성을 설명하고, 우리 무형 유산을 잘 이어받아 발전시키고 이를 후손에게 물려주려면 어떻게 해야 하는지 아이디어를 내 보세요(500~600자).

10 랑케는 왜 소년과의 약속을 지켰을까

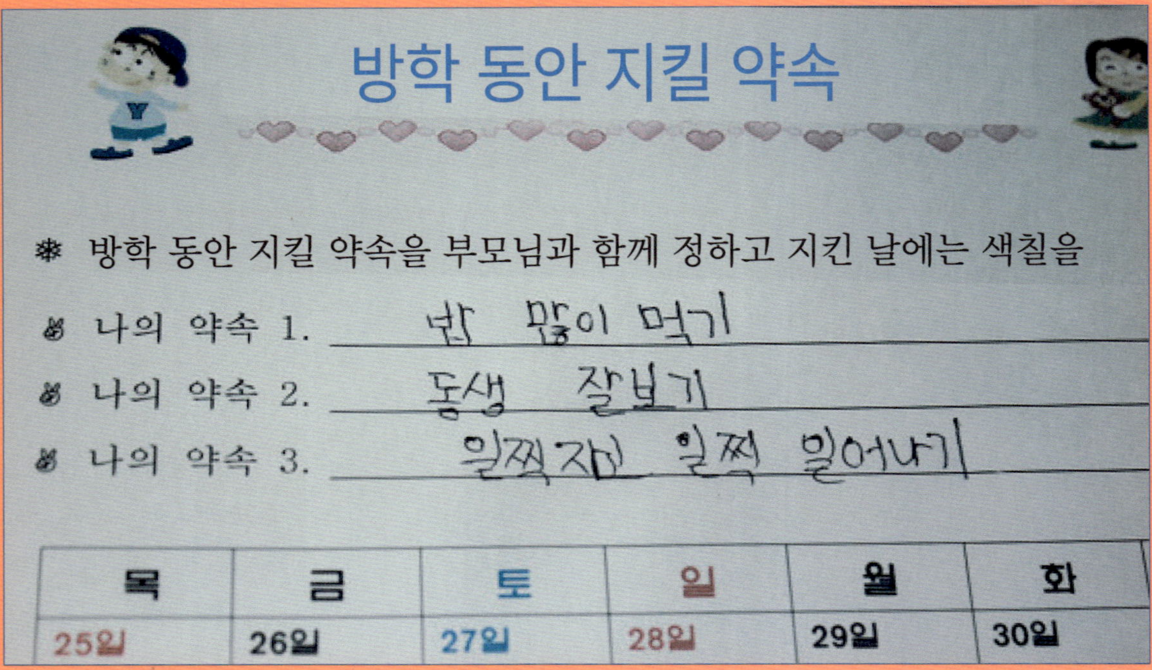

방학 동안 지킬 약속

※ 방학 동안 지킬 약속을 부모님과 함께 정하고 지킨 날에는 색칠을
- 나의 약속 1. 밥 많이 먹기
- 나의 약속 2. 동생 잘보기
- 나의 약속 3. 일찍자고 일찍 일어나기

목	금	토	일	월	화
25일	26일	27일	28일	29일	30일

▲방학 동안의 약속은 자신이 지킬 수 있는 것으로 하고, 점검표를 작성해 실천하도록 노력해야 한다.

약속을 지키지 않는 초등학생이 많습니다. 자신의 이익과 편안함만 생각해 다른 사람과 한 약속을 가볍게 생각하기 때문입니다. 약속을 지키지 않으면 다른 사람에게 피해를 주고, 자신은 신뢰를 잃게 됩니다. 약속을 지켜야 하는 까닭과 약속을 잘 실천할 수 있는 방법을 공부합니다.

▣ 이런 걸 공부해요

이슈 약속 안 지키면 신뢰 잃는다
- ◆ 약속을 지키지 않는 학생이 늘어난다
- ◆ 약속 지키지 않는 학생 왜 늘어나나

토론 약속을 잘 지키는 방법
- ◆ 지킬 수 있는 약속 하되, 약속 점검표 만들면 좋아
- ◆ 거액의 돈 포기하고 소년과 한 약속부터 지켜

약속 안 지키면 신뢰 잃는다

약속을 지키지 않는 학생이 늘어난다

▲모둠 과제에 열심히 참여하는 일은 다른 친구들과 한 약속을 지키는 것이다.

행복이는 친구들 사이에서 약속을 안 지키기로 유명하다. 약속 시간에는 항상 늦고, 모둠 과제를 할 때도 자기가 맡은 몫을 제대로 하지 않아 다른 학생들에게 피해를 준다. 약속도 아무렇게나 정하고, 금세 까먹는다. 화가 난 친구들은 이제 행복이의 말을 잘 믿지 않는다.

행복이처럼 약속을 지키지 않는 어린이가 늘고 있다. 최근 한 어린이신문사가 조사했더니, 어린이 10명 가운데 6명이 '약속을 못 지킬 수도 있다'고 대답했다. '내게 이익이 되면 약속을 어길 수도 있다'고 응답한 어린이도 10명 가운데 3명이나 되었다. 약속을 지키지 않는 이유로는 '지킬 수 없는 약속을 해서', '귀찮아서', '그 순간을 모면하기 위해 한 약속이라서' 등을 들었다.

사람은 누군가와 하는 약속이 없으면 생활하기 어렵다. 친구와 만날 시간을 정하는 것도 약속이고, 어머니께 오늘부터 열심히 공부하겠다고 하는 다짐도 약속이다.

다른 사람과 한 약속을 지키지 않으면 상대에게 피해를 주고, 자신은 신뢰를 잃게 된다. 다른 사람에게 신뢰를 잃으면 왕따를 당하며, 자신이 하고 싶은 일도 할 수 없다. 믿지 못하는 사람과 어울리거나 일을 맡길 사람은 없기 때문이다.

동아일보 기사 등 참조

이슈

약속 지키지 않는 학생 왜 늘어나나

약속은 어떤 일을 어떻게 하기로 미리 정하는 일인데, 신뢰가 바탕이 된다. 약속은 혼자서 정하는 일이 아니고 반드시 상대방이 있으며, 서로 뜻을 맞춘 뒤 이루어진다. 따라서 약속을 어기면 상대가 피해를 당하고, 자신에게도 피해가 돌아온다. 예를 들면 약속 시간을 어길 경우 상대방은 나를 기다리는 시간만큼 손해를 보고, 나에 대한 상대의 신뢰도 잃게 된다.

▲신뢰를 잃으면 학교에서는 왕따를 당하고, 사회에서는 일을 하지 못하게 된다.

학생들이 약속을 어기는 까닭은 자신의 이익과 편리만 생각하기 때문이다. 자신이 한 약속을 가볍게 여기는 사회 분위기도 문제다. 옛날 사람들은 약속을 중요하게 생각하고 자신이 손해를 보더라도 약속을 지켜 신용을 쌓아야 한다고 생각했다. 하지만 요즘은 상황이 좋지 않으면 약속을 지키지 않아도 된다고 생각한다.

휴대전화처럼 쉽고 빠르게 연락할 수 있는 수단이 생기면서, 자신의 상황이나 기분에 따라 약속을 취소하는 사람도 있다.

모범을 보여야 할 정치인이나 TV에 나오는 유명 연예인들이 쉽게 약속을 어기는 모습을 보이는 것도 문제다. 최근 조사에 따르면 정치인들은 자신이 한 약속 가운데 절반만 지켰다. 그 결과 정치인을 신뢰한다고 말한 사람은 국민 100명 가운데 4명 수준이었다.

동아일보 기사 등 참조

약속을 잘 지키는 방법

지킬 수 있는 약속 하되, 약속 점검표 만들면 좋아

약속을 잘 지키려면 먼저 지킬 수 있는 약속을 해야 한다. 약속하기에 앞서 충동적으로 정한 것은 아닌지 생각한다. 지킬 수 없는 약속을 하고 상대가 자신의 사정을 이해해 주기 바라면 안 된다. 약속을 어기는 일이 반복되면 자신의 신용이 무너지게 되기 때문이다.

약속 실천을 몸에 배게 하려면 어려서부터 가족들과 무심코 한 약속부터 지키는 노력이 필요하다. 다른 사람과 한 약속을 잘 지키는 학생도 가족들과 한 약속을 어기는 경우가 많기 때문이다.

약속을 지킬 수 없는 상황이 되면 약속 시간 전에 상대방에게 이해를 구하고 약속을 다시 정하거나 취소해야 한다. 약속 시간이 지났다면 약속을 지킬 수 없었던 까닭을 알리고, 진심으로 사과한다.

'약속 점검표'를 만들면 약속 내용을 알 수 있고, 약속을 잊지 않기 위해 자주 점검할 수 있다. 점검표에는 약속 내용과 장소, 시간, 준비물 등을 기록한다. 그리고 약속을 실천한 뒤에는 제대로 지켰는지 평가한 내용을 적는다. 주의해야 할 점과 반성할 점을 기록하면 같은 실수를 다시 저지르지 않는다. 3개월이나 6개월마다 약속 점검표를 꼼꼼히 살피며 지키지 못한 약속의 공통점을 찾는 것도 좋은 방법이다.

서울신문 기사 등 참조

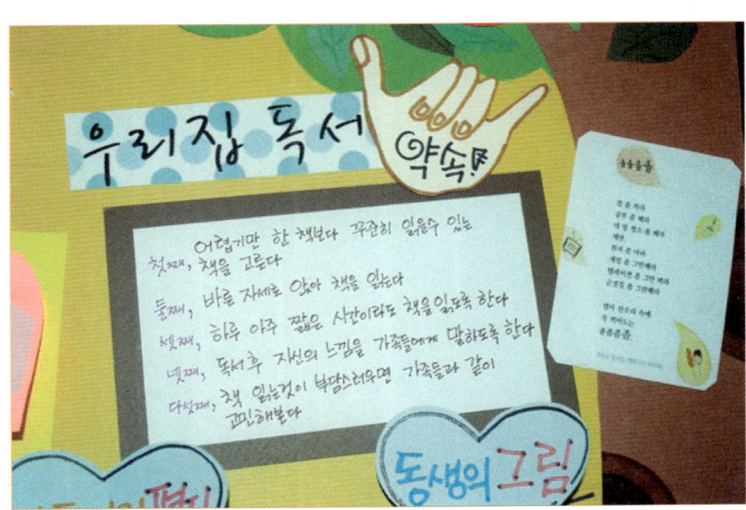

▲잘 보이는 곳에 약속을 적어 놓으면 잊지 않는다.

토론

거액의 돈 포기하고 소년과 한 약속부터 지켜

독일의 역사학자 랑케(1795~1886)는 약속 실천을 중요하게 여겼다. 그는 매일 정해진 시간에 산책을 나가는 버릇이 있었다. 어느 날 동네 어귀에서 울고 있는 소년과 마주쳤다. 소년은 우유를 배달하고 받은 돈으로 생활했는데, 실수로 넘어지는 바람에 우유병이 모두 깨져 울고 있었다. 랑케는 소년을 가엾게 여겨 우유 값을 대신 물어 주겠다고 약속하고, 소년에게 내일 같은 시간에 같은 자리에 나오라고 말했다.

랑케가 집으로 돌아오자 한 부자가 랑케의 연구에 많은 돈을 지원하겠다는 내용의 편지가 와 있었다. 랑케는 뛸 듯이 기뻤지만 편지에 적힌 장소와 시간을 보고 금세 얼굴이 흐려졌다. 그 부자는 일이 바빠 내일밖에 만날 시간이 없었고, 약속 장소도 지금 당장 출발해야 도착할 수 있을 만큼 멀리 떨어져 있었기 때문이었다.

▲약속 실천을 중요하게 생각한 랑케.

랑케는 고민 끝에 부자에게 "대단히 고맙지만, 저는 그 시간에 먼저 한 약속이 있습니다."라고 답장했다. 랑케는 자신에게 꼭 필요했던 거액의 돈보다는 소년과 한 약속을 더 소중하게 생각했던 것이다.

랑케의 답장을 받은 부자는, 사정을 안 뒤 감동해 처음에 주기로 했던 금액의 몇 배나 되는 돈을 랑케에게 보냈다.

국민일보 기사 등 참조

생각이 쑤욱

1 약속을 잘 지키면 어떤 점이 좋을지 세 가지만 들어보세요.

2 지금까지 했던 약속 가운데 지키지 못해 가장 아쉬움이 남는 약속은 무엇이며, 왜 지키지 못했는지 1분 동안 얘기해 보세요.

3 주어진 격언들의 뜻을 말해 보세요.

| 오랜 약속보다는 당장의 거절이 낫다. |

↳

| 사람들은 자신을 기다리게 하는 자의 잘못을 계산한다. |

↳

| 약속을 자주 하는 사람은 잊어버리기도 잘한다. |

↳

머리에 쏘옥

약속에 관련된 격언

격언이란 사람들이 지켜야 하는 교훈을 간결하게 표현한 짧은글입니다.

약속에 대한 대표적인 격언으로는 "약속을 자주 하는 사람은 잊어버리기도 잘한다."는 말이 있습니다. 함부로 약속하면 약속을 잘 잊어버린다는 뜻이지요. "이미 정한 약속은 갚지 못한 빚이다."는 빚을 갚아야 하는 것처럼 약속하면 반드시 지켜야 한다는 말입니다. "사람들의 약속은 빵껍질이다."는 가치가 없어 잘 버려지는 빵껍질처럼 약속을 하찮게 여긴다는 말이지요.

"사람들은 자신을 기다리게 하는 자의 잘못을 계산한다."는 격언은 약속 시간에 늦었을 경우, 기다리는 사람이 불쾌할 수 있음을 말한 것입니다. "오랜 약속보다는 당장의 거절이 낫다."는 말이 있습니다. 지킬 수 없는 약속을 해 상대를 오래 기다리게 하기보다는, 당장 거절하는 것이 기분이 나빠도 서로를 위해 좋은 일이라는 뜻입니다.

생각이 쑤욱

4 약속을 지키지 않으면 약속한 사람들 외에 다른 사람들에게도 피해를 줄 수 있습니다. 아래 이야기를 참고해 약속을 지켜야 하는 까닭을 말해 보세요.

> **(가)** 서울의 한 대학교에서는 비가 오면 학생들에게 무료로 빌려주던 양심 우산을 없앴다. 학생들이 우산을 사용한 뒤 제자리에 돌려놓지 않았기 때문이다. 담당자인 A씨는 "가져오겠다고 약속하고서도 잊어버린다."며 혀를 찼다.
>
> **(나)** B초등학교 앞 문구점에서는 장난감이나 문구 판매 예약을 받지 않기로 했다. 사러 오겠다며 팔지 말라고 약속한 뒤 절반이 넘는 학생이 약속을 지키지 않아 손해가 크기 때문이다.

5 아래 나오는 이야기의 주인공인 '미생'의 행동을 어떻게 생각하는지 1분 동안 말해 보세요.

> 옛날 중국에 미생이라는 사람은 약속을 잘 지키기로 유명했답니다. 어느 날 사랑하는 여자와 다리 아래서 만나기로 한 약속을 지키기 위해 그곳으로 갔어요. 그런데 갑자기 소나비가 쏟아지는 바람에 개울물이 순식간에 불어났습니다. 그러나 그는 약속을 지키기 위해 그 자리를 떠나지 않고 기다리다 결국 불어난 물에 휩쓸려 죽었답니다.

머리에 쏘옥

양심 우산

부산 남천초등학교는 학생들에게 양심 우산을 빌려주고 있습니다. 갑자기 비가 오는데 우산을 챙겨 오지 못한 학생들이 학교에 준비된 우산을 빌려 쓰고 갔다가, 다음날 가져오는 것입니다.

이 학교 외에도 양심 우산을 빌려줬던 학교는 적지 않습니다. 그러나 대다수 학교가 몇 년이 지나지 않아 양심 우산을 더 이상 빌려주지 않습니다. 학생들이 우산을 돌려놓지 않았기 때문이죠. 귀찮다거나 나 하나쯤이야 하는 생각 때문이지요.

전국의 학교나 경찰서, 도서관, 공원 등에서도 양심 자전거와 양심 도서처럼 다양한 종류의 물품이 있었지만, 사람들이 약속을 지키지 않아 결국 중단되고 말았습니다.

▲한 초등학교에 설치된 양심 우산.

생각이 쏘옥

6 약속을 지키는 데 가장 필요한 마음가짐을 자신의 경험을 들어 이야기해 보세요.

7 랑케의 사례에서 얻을 수 있는 교훈은 무엇인가요?

머리에 쏘옥

참을성 길러야 약속 잘 지켜

미국의 심리학자 월터 미셸은 네 살 된 아이들에게 마시멜로 과자 하나를 나눠 주고 약속했습니다. 지금 먹으면 과자 하나를 먹을 수 있지만, 15분 뒤 자신이 돌아올 때까지 먹지 않으면 두 개를 주겠다고 말입니다. 실험에 참가한 아이들 가운데 15퍼센트만 과자를 먹지 않고 기다렸지요.

미셸은 15년 뒤 실험에 참가했던 아이들을 다시 만나 조사했더니, 과자를 먹지 않고 참았던 아이들의 성공 확률이 더 높았습니다. 이 아이들은 더 큰 만족이나 더 큰 목표, 지켜야 할 약속을 위해 순간의 즐거움을 잘 참는 것이 특징이었습니다.

어린이들이 약속을 잘 지키지 못하는 까닭은 참을성이 없는데다 당장의 귀찮음이나 멋대로 하고 싶은 충동을 이겨 내지 못하기 때문입니다.

약속을 지키는 연습을 하면 충동을 이기는 힘을 기를 수 있고, 자신의 목표를 이룰 가능성이 커진답니다.

▲마시멜로. 젤라틴과 달걀 흰자, 설탕, 식용 색소 등을 섞어 거품을 일으킨 뒤 굳힌 과자.

행복한 논술

약속을 지키지 않는 학생이 늘고 있습니다. 지킬 수 없는 약속을 하거나, 지키기 귀찮다는 이유로 약속을 가볍게 여기기 때문입니다. 약속은 사람 사이의 신뢰를 바탕으로 이뤄지는 것입니다. 약속을 어기면 다른 사람들에게 피해를 주고, 자신은 신뢰를 잃게 됩니다. 약속을 잘 지키는 습관을 들이려면 자신에게 그 약속이 꼭 필요한지 살펴보고, 지킬 수 있는 약속만 해야 합니다. 약속 점검표를 작성하며, 자신이 얼마나 약속을 잘 지켰는지 반성해 볼 필요도 있습니다.

약속 실천의 소중함을 설명하고, 약속을 잘 지킬 수 있는 방법을 말해 보세요(500~600자).

11 짠 음식은 왜 모조리 맛있는 거죠

▲한 대형 마트에 나트륨의 양을 낮춘 저염 식품들이 따로 진열되어 있다.

우리 국민 10명 가운데 7명은 음식을 짜게 먹는 것으로 나타났습니다. 소금에 포함된 나트륨이 짠맛을 내는데, 필요한 만큼 먹으면 건강에 도움이 됩니다. 하지만 음식을 짜게 먹으면 뚱뚱해지고 혈압이 높아지는 등 여러 가지 병에 걸릴 수 있습니다. 짜게 먹으면 건강에 어떤 문제가 생기는지 공부하고, 짜게 먹지 않으려면 어떻게 생활해야 하는지 탐구합니다.

이런 걸 공부해요

이슈 우리 국민 너무 짜게 먹는다

◆ 하루 권장량 두세 배나 짜게 먹어
◆ 소금은 어떤 역할을 할까

토론 소금을 줄이면 건강이 보인다

◆ 싱겁게 먹는 습관부터 들여야
◆ "신호등 표시 확인해 건강 관리해요"

이슈 우리 국민 너무 짜게 먹는다

하루 권장량 두세 배나 짜게 먹어

행복이는 키 138센티미터에 몸무게가 50킬로그램이다. 비만이 심해 고혈압까지 앓는다. 의사는 행복이에게 짜게 먹지 말라고 말했다.

행복이가 오늘 먹은 간식은 햄버거 한 개와 피자 두 조각, 닭강정(400그램)이다. 그런데 이들 음식에는 세계보건기구(WHO)가 하루에 먹어도 된다고 정한 나트륨 양(2그램)의 두 배가 들어 있었다.

정부는 국민 10명 가운데 7명이 음식을 짜게 먹는다고 최근 발표했다. 세계보건기구가 정한 나트륨 권장량의 두세 배나 많이 먹는다는 것이다. 짠맛을 내는 나트륨은 소금 성분의 40퍼센트를 차지한다.

▲한 TV 뉴스에서 최근 국민들이 음식을 짜게 먹는다고 발표했는데, 짜게 먹으면 여러 가지 병에 걸릴 수 있다.

나트륨을 짤 정도로 많이 섭취하면 건강에 좋지 않다. 음식을 짜게 먹으면 살이 찌기 쉽고, 키가 잘 크지 않는다. 고혈압을 일으키고, 여러 가지 병도 생기게 한다. 기분이 우울하고, 잠을 깊이 자지 못해 집중력도 떨어진다.

하지만 너무 싱겁게 먹으면 혈압이 낮아져 어지럼증이 생기며, 소화가 잘 안 될 수 있다. 우리나라는 소금이 많이 들어간 김치와 장류, 젓갈을 주로 먹는다. 게다가 패스트푸드와 가공 식품을 자주 먹는데, 여기에도 소금이 많이 들어 있으므로 주의해야 한다.

세계일보 기사 등 참조

이런 뜻이에요
세계보건기구(WHO) 세계인들의 보건과 위생을 담당하는 유엔의 한 기구.
가공 식품 라면이나 햄처럼 간편하고 빠르게 조리해 먹을 수 있도록 만든 식품.

이슈

소금은 어떤 역할을 할까

왕이 어느 날 왕자들에게 "너희들은 세상에서 가장 맛있는 음식이 무엇이라고 생각하느냐."고 물었다. 다른 왕자들은 떡이나 고기, 꿀이라고 말했으나, 둘째 아들은 소금이라고 대답했다. 왕이 둘째 아들에게 까닭을 물으니, 모든 음식에는 소금이 들어가야 제맛이 나기 때문이라고 대답했다. 왕은 그의 지혜에 감탄해 둘째 아들에게 왕위를 물려주었다.

▲음식 맛을 내는 데 쓰이는 소금은 사람 몸에 필요한 성분도 많이 지녔다.

소금은 이처럼 음식의 맛도 조절하지만, 사람의 건강에도 꼭 필요한 성분을 지녔다. 우선 소금은 짠맛을 내는데, 음식의 단맛도 살린다. 그래서 감자나 토마토 요리에 소금을 뿌려 먹기도 하는 것이다. 우리나라의 양념에서 빠질 수 없는 고추장과 된장, 간장 등 장류는 소금이 들어간 정도에 따라 맛과 보관 기간이 좌우된다. 소금의 농도가 진하면 장맛이 제대로 나지 않고, 옅으면 장이 쉽게 변질된다.

소금의 주요 성분인 나트륨은 음식물을 통해 사람의 몸속으로 들어가 몸에 필요한 수분의 양을 조절한다. 음식물을 분해시켜 소화 작용을 돕고, 몸속에 불필요하거나 해로운 물질을 몸 밖으로 내보내기도 한다. 피를 멈추게 하는 지혈 작용과 독소를 없애는 해독 작용, 나쁜 균을 없애는 살균 작용도 한다.

서울신문 기사 등 참조

토론 소금을 줄이면 건강이 보인다

싱겁게 먹는 습관부터 들여야

짜게 먹지 않으려면 가정에서부터 노력해야 한다. 시장을 보거나 요리하고 식사할 때 조심하면 소금의 양을 줄일 수 있다. 평소에 물을 자주 마시고, 운동을 규칙적으로 하는 것도 좋다. 몸속의 나트륨 성분이 소변과 땀을 통해 빠져나가기 때문이다.

◇장을 볼 때

가공 식품에는 포장이나 용기에 식품의 성분이 표시되어 있다. 꼼꼼하게 살펴 짠맛을 내는 나트륨이 적게 들어간 제품을 고르는 습관을 들인다. 가공 식품은 대부분 짜기 때문에 되도록이면 신선한 자연 식품을 사서 먹는 게 건강에 도움이 된다.

◇요리할 때

밥은 흰 쌀보다 잡곡을 많이 넣어 짓는다. 반찬이나 국의 간을 맞출 때도 소금을 적게 넣거나 나트륨이 적은 저염 소금을 사용한다. 소금 대신 짠맛이 덜한 간장 또는 천연 조미료를 써도 좋은데, 싱겁지만 감칠맛을 내는 장점이 있다.

◇먹을 때

국이나 찌개는 국물을 적게 먹되 건더기를 주로 먹는다. 국물에 밥을 말아먹는 습관은 나트륨 성분을 많이 섭취할 수 있으므로 고친다. 짠 반찬은 조금씩만 먹고, 채소를 많이 먹는다. 햄버거나 피자, 라면, 과자 등은 가능하면 덜 먹는다.

국민일보 기사 등 참조

토론

"신호등 표시 확인해 건강 관리해요"

어린이가 좋아하는 식품에는 짠맛을 내는 나트륨 말고도 단맛을 지닌 당류와 기름기를 띤 지방 등이 들어 있다. 그런데 이들 영양 성분을 지나치게 많이 먹으면 살이 찐다. 또 혈압이 높아져 심장도 나빠진다.

그래서 정부는 2011년 2월부터 어린이용 가공 식품에 들어 있는 영양 성분의 많고 적음을 신호등 색깔로 표시하게 하고 있다. 어떤 영양 성분이 건강을 위협할 정도로 많이 들어 있으면 빨간색, 보통이면 노란색, 적으면 초록색으로 나타낸다.

어린이용 가공 식품을 살 때 신호등 표시를 참고하면 건강 관리에 도움이 된다. 그런데 신호등 표시제는 모든 식품업체들이 의무적으로 지켜야 하는 것은 아니다.

그래서 정부는 2017년 5월부터는 어린이들이 좋아하는 과자와 빵, 초콜릿 등 일부 식품부터 나트륨이 들어간 정도를 신호등 색깔로 표시하도록 권하고 있다. 하지만 제대로 지켜지지도 않고 있다.

▲한 TV 뉴스에서 '신호등 표시제'의 필요성을 강조하는 장면.

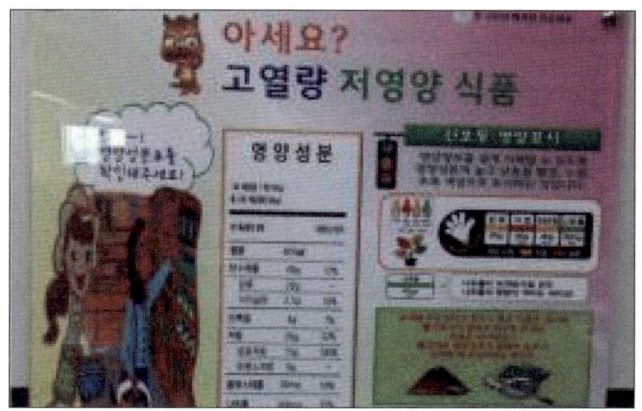
▲어린이들이 이해하기 쉽게 만든 신호등 표시제 알림 게시판.

전문가들은 모든 식품에 신호등 표시를 하지 못하는 까닭은 여러 가지 이유가 있지만, 식품이 덜 팔려서 식품업체들이 피해를 볼 수도 있기 때문으로 보고 있다.

따라서 어린이들은 신호등 표시제의 영양 표시가 무엇인지 잘 이해하고, 식품을 사서 먹을 때 열량은 높은데 영양가는 낮은 식품을 쉽게 구별할 수 있는 방법을 알아야 한다.

소년한국일보 기사 등 참조

생각이 쑤욱

1 우리 국민이 음식을 짜게 먹는 이유를 말하세요.

2 음식을 짜게 먹으면 어린이들의 건강에 어떤 문제를 일으키는지 아래 빈칸을 채우세요.

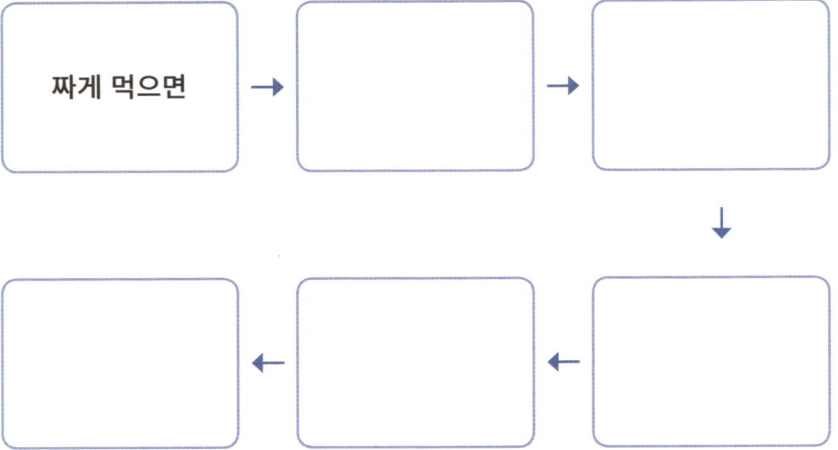

3 오늘 하루 내가 먹은 음식을 모두 적으세요. 그리고 그 가운데 나트륨이 많이 들어 있다고 생각하는 음식을 다섯 가지만 뽑아 순서대로 나열하세요.

아침	점심	저녁

나트륨이 많이 들어간 음식

1   2   3   4   5

머리에 쏘옥

세계가 나트륨 줄이기 운동

세계보건기구가 정한 1인당 하루 나트륨 권장량은 2그램인데, 우리 국민은 그 두 배가 넘는 4.79그램을 먹습니다.

1인분을 기준으로 나트륨이 가장 많이 들어간 음식은 짬뽕이 4그램으로 1위입니다. 그 다음이 우동 (3.39그램), 간장 게장(3.22램), 열무냉면 (3.15그램) 순이에요. 그러니 한 끼의 식사만으로도 나트륨 하루 섭취 권장량을 넘을 수도 있다는 말이지요.

영국 정부는 1인당 평균 나트륨 섭취량을 4분의 1로 줄이기 위해 국민운동을 시작했습니다. 핀란드도 23년 동안 3분 1 가까이 줄였대요. 우리 정부도 매월 셋째 주 수요일을 '국 없는 날'로 정하는 등 나트륨 섭취를 줄이기 위해 노력하고 있어요.

▲회사의 직원 식당에서도 '국 없는 날'을 실천하고 있다.

생각이 쑤욱

4 다음 친구의 이야기를 들은 뒤 충고의 말을 하세요.

머리에 쏘옥

소금의 여러 가지 쓰임새

옷의 때가 찌들었을 때 소금을 넣고 삶으면 쉽게 없앨 수 있어요. 또 옷에 피가 물들었을 때도 소금물에 담가 두었다 비벼 빨면 깨끗해진대요.

부엌 청소에도 좋은데, 생선 요리를 한 뒤 프라이팬을 닦을 때 소금을 조금 뿌려서 키친 타월로 닦으면 냄새도 사라지고 깨끗해진답니다. 치약 대신 소금으로 양치질을 하기도 해요.

껍질을 깎은 사과를 먹다 남겼을 때 소금물에 담가 두면 갈색으로 변하는 것을 막을 수 있어요. 겨울에 눈이 내리면 도로가 미끄럽지 않게 소금을 뿌리기도 한답니다.

▲눈이 내린 도로에 미끄럼을 막기 위해 소금을 뿌리는 모습.

5 '나트륨 줄이기' 운동에 사용할 포스터를 만들 거예요. 예로 든 포스터를 참고해 간단한 내용과 그림을 넣어 꾸미세요.

생각이 쑤욱

6 엄마가 저녁 식사를 준비하고 있어요. 엄마를 도와 나트륨의 양을 줄이면서 맛있게 요리할 수 있는 방법을 세 가지만 알려 드리세요.

밥을 지을 때	국을 끓일 때	샐러드 소스 만들 때

머리에 쏘옥

영양 성분 표시

국민이 먹는 식품의 안전과 위생을 관리하기 위해 만들어진 식품위생법에는 모든 가공 식품의 포장과 용기에 영양 성분을 표시하게 되어 있어요. 식품에 어떤 영양 성분이 얼마만큼 들어 있는지 확인할 수 있기 때문에 다른 제품과 비교할 수도 있지요.

건강을 생각해 과자 하나를 고르더라도 영양 성분 표시를 꼼꼼히 살피는 습관을 들이세요.

7 짜게 먹지 않는 습관을 들이기 위해 하루 한 가지 실천 목표를 세운 뒤, 나의 실천 다짐을 적은 주간 계획표를 짜세요.

월	과자를 살 때 영양 표시를 꼭 확인한다.
화	
수	
목	
금	
토	
일	
실천 다짐	예) 일주일 동안이라도 열심히 실천한 다음, 하나씩 습관으로 만들어야겠다.

행복한 논술

　정부 조사에 따르면 국민 10명 가운데 7명은 음식을 무척 짜게 먹는다고 합니다. 소금에 들어 있는 나트륨이 짠맛을 내는데, 음식을 짜게 먹거나 싱겁게 먹으면 건강에 병이 생길 수 있답니다. 그러나 필요한 양만큼 먹으면 건강에 도움이 됩니다. 우리나라는 소금이 많이 들어간 김치와 장류, 젓갈 등을 주로 먹습니다. 어린이들은 또 패스트푸드와 가공 식품을 자주 먹는데, 여기에도 소금이 많이 들어가므로 적게 먹어야 합니다. 짜게 먹지 않으려면 가정에서부터 노력해야 합니다. 시장을 보거나 요리하고 식사할 때 주의하면 소금의 양을 줄일 수 있습니다.

음식을 짜게 먹으면 건강에 어떤 문제가 생기며, 가정에서 짜게 먹지 않기 위해 실천할 수 있는 방법을 말해 보세요(500~600자).

12 유엔을 알아야 국제 기구에서 일하지

▲유엔 로고. 세계 지도에 평화를 상징하는 올리브 가지를 둘러싸 만들었다. 평화로운 세계를 추구하는 유엔의 가치를 상징한다.

북한이 핵무기를 계속 개발하자 유엔(UN)의 북한에 대한 제재 강도가 갈수록 강해지고 있습니다. 유엔은 또 지구촌 곳곳에서 지구 온난화로 인한 기후 변화 때문에 고통을 당하는 국가들에게도 도움을 주고 있습니다. 이처럼 유엔의 역할이 커지면서 유엔에서 일하기를 희망하는 우리나라 어린이들이 늘고 있습니다. 유엔이 무슨 일을 하는지 공부합니다.

□ 이런 걸 공부해요

이슈 유엔은 어떤 일을 할까
◆ 평화도 지키고, 기후 변화 문제 등도 협력하고…
◆ 유엔의 주요 기관들은 무슨 일을 할까

토론 역할 커지는 유엔
◆ 전쟁 일어나면 평화 위해 유엔군 만들어 파견
◆ 질병과 빈곤 퇴치, 인권 문제 해결에도 앞장

이슈 | 유엔은 어떤 일을 할까

평화도 지키고, 기후 변화 문제 등도 협력하고…

북한이 핵무기를 계속 개발하자 유엔(UN)이 나서서 북한을 제재하고 있다. 유엔 회원국들에게 북한과 무기와 광물 등 여러 물품을 사거나 팔지 못하도록 금지한 것이다. 핵무기를 개발하는 데 필요한 재료와 비용을 마련하지 못하도록 하기 위해서다. 유엔은 핵무기를 보유하지 않은 국가들의 핵실험을 국제법으로 금지하고 있다.

▲유엔에서 시리아의 난민 수용소에 구호품을 전달하고 있다. 시리아는 종교 문제로 내전이 일어나 수많은 사람들이 고향을 탈출해 난민이 되었다.

유엔이 이처럼 북한을 제재하는 까닭은 핵무기를 개발하도록 놔두면 세계 평화를 위협할 수 있기 때문이다.

유엔은 전쟁 방지와 평화 유지를 위해 1946년 만들어졌다. 최근에는 인권 문제는 물론 기후 변화, 물 부족, 에너지 부족, 식량 위기, 보건 문제, 난민 문제 등을 해결하기 위해 힘을 쓰고 있다. 우리나라의 경우 1950년 남북한 사이에서 벌어진 6·25전쟁 때 유엔이 파견한 군대의 도움을 받아 평화를 지킬 수 있었다.

유엔에 가입된 회원국은 2011년 현재 113개국이고, 본부는 미국의 뉴욕에 있다. 회원국이 되면 유엔헌장에 나와 있는 의무를 지켜야 한다.

유엔은 여러 기구들로 이뤄져 있는데, 주요 기구에는 총회, 안전보장이사회, 경제사회이사회, 신탁통치이사회, 국제사법재판소, 사무국이 있다.

서울신문 기사 등 참조

이런 뜻이에요
제재 규칙 등의 위반에 대하여 제한하거나 금지함.
유엔헌장 유엔 회원국의 권리와 의무는 물론 국제 관계에서 무력 사용 금지, 분쟁의 평화적 해결, 평화의 파괴와 침략 행위에 관한 조치, 국제 경제 협력 등 19장 111조로 이뤄져 있다.

이슈

유엔의 주요 기관들은 무슨 일을 할까

유엔의 주요 활동은 크게 세계 평화 유지, 군사 시설과 전쟁 장비 축소, 국제 협력 활동 등이다. 유엔의 주요 기구는 다음과 같다.

총회

모든 회원국이 참여하는 유엔의 최고 기관이다. 유엔의 모든 활동을 심사·관리한다. 새 회원국의 가입을 승인하고, 이사국을 뽑을 권한이 있다.

안전보장이사회

국제 평화와 안전 유지를 담당한다. 나라나 지역 간의 다툼을 조정한다. 다섯 개의 상임이사국과 열 개의 비상임이사국으로 구성된다.

신탁통치이사회

스스로 나라를 이끌어 나갈 능력이 없는 곳에 들어가 그 나라가 자립할 수 있을 때까지 관리하고, 임시로 다스리는 것을 목표로 삼는다.

경제사회이사회

세계에서 일어나는 경제, 사회, 문화, 보건 등 여러 문제를 다룬다. 사람답게 사는 세계를 만드는 데 힘쓰며, 유엔의 인력과 자금의 80퍼센트가 쓰인다.

국제사법재판소

'세계의 법원'으로 불리는 유엔의 사법 기관이다. 국제 사회의 다툼을 법적으로 해결한다. 재판관 15명으로 구성되는데, 재판관의 임기는 9년이다.

사무국

유엔 운영에 관한 사무를 담당하며, 사무총장이 지휘한다. 총장은 유엔을 대표해 여러 회의에 참석하고, 국제 평화와 안전 문제를 총회에 보고한다.

역할 커지는 유엔

전쟁 일어나면 평화 위해 유엔군 만들어 파견

1914년 오스트리아-헝가리 제국의 세르비아 침공으로 제1차 세계대전이 일어났다. 이때 비행기와 전차, 독가스 등 발달된 무기가 사용돼 참전국들은 엄청난 피해를 당했다. 이를 계기로 세계는 평화로운 방법으로 갈등을 해결하는 기구를 만들기로 했다.

이것이 국제연맹의 탄생이다. 국제연맹은 세계의 크고 작은 분쟁을 해결했지만 활동에 한계가 있었다. 미국 등 강대국들이 가입하지 않은 데다, 국제연맹에서 만든 약속을 지키지 않아도 벌을 줄 수 없었다. 또 군대가 없었던 탓에 무력 사용도 불가능했다.

1939년 독일군의 폴란드 침공으로 일어난 제2차 세계대전은 제1차 대전보다 더 큰 피해를 남겼다. 사람들은 더 강력한 평화 유지 기구를 원했다. 결국 1945년 10월 24일 51개 나라를 회원으로 한 유엔이 창설됐다. 미국과 러시아(옛 소련) 등 당시 강대국 대다수가 참여했다. 그리고 국가 간 다툼이 일어나면 유엔군을 조직해 침략 행위를 한 나라에 대해 무력으로 대응할 수 있게 했다. 지금은 거의 모든 나라가 회원국인데, 우리나라는 북한과 함께 1991년에 가입했다.

▲제1차 세계대전 때 땅을 파서 만든 구덩이인 참호에서 전투를 하는 군인들(위 사진)과 제2차 세계대전 당시 공습으로 폐허가 된 도시.

경향신문 기사 등 참조

이런 뜻이에요

세르비아 남동부 유럽의 발칸반도 중앙부에 있는 나라. 수도는 베오그라드다.

토론

질병과 빈곤 퇴치, 인권 문제 해결에도 앞장

세계화로 인해 나라들 간의 교류가 확대되며 국제 분쟁도 늘었다. 이에 따라 세계 질서를 확립하기 위한 유엔의 역할도 커졌다.

유엔의 주요 목표는 세계 각국의 군대를 줄이는 것이다. 핵무기와 총, 탱크 등 재래식 무기를 줄이기 위한 유엔 협정에는 회원국들의 절반 이상이 참여하고 있다.

유엔 평화유지군의 활동도 빼놓을 수 없다. 남수단, 르완다, 동티모르 등 분쟁이나 자연 재해 등으로

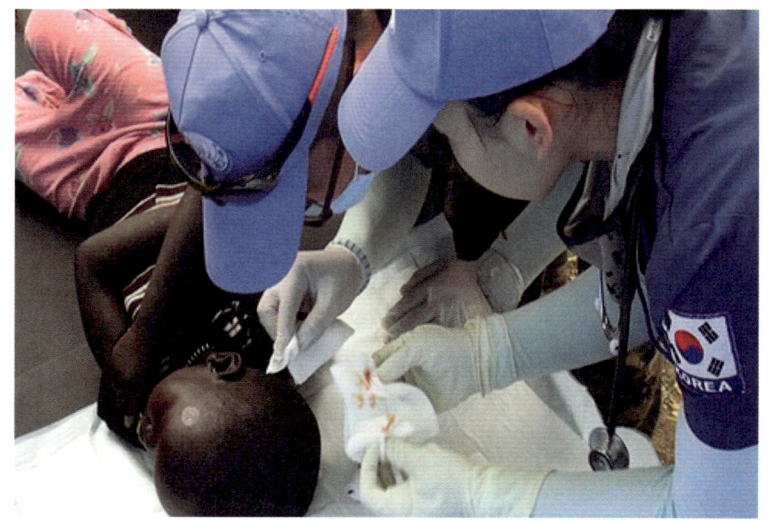
▲유엔 평화유지군으로 아프리카 남수단에 파견된 우리나라의 한빛부대가 어린이의 건강을 돌보고 있다.

시달리는 나라에 약 12만 명의 군대와 경찰, 전문가들이 파견되어 유엔의 깃발 아래 평화 유지 활동에 참여하고 있다. 평화유지군의 활동은 구호 외에도 정치와 경찰 영역까지 확대되었다.

끝이 보이지 않는 빈곤과의 싸움도 외면할 수 없다. 유엔은 빈곤 문제를 해결하기 위해 가난한 나라를 돕기 위한 지원을 늘리고 있다. 아프리카 지역의 에이즈 퇴치와 식량 문제 해결을 위해서도 앞장선다.

유엔은 세계 평화 유지 활동 외에도 국가의 경제·정치·군사력에 차별을 두지 않고 모든 나라가 존중받을 수 있도록 노력하고, 그들의 권리를 빼앗기지 않도록 감시한다. 이것이 유엔의 존립 이유다.

한국일보 기사 등 참조

생각이 쑤욱

1. 유엔 기구의 이름과 그 기구의 하는 일을 주제로 스피드 퀴즈 게임을 해 보세요.

> **게임 요령**
> 1. 작은 종이 6장을 준비한다.
> 2. 유엔의 주요 기구 6개에 대한 설명을 각 종이 뒷면에 적는다.
> 3. 앞면에는 설명이 가리키는 기구의 이름을 적는다.
> 4. 모둠원 두 명이 짝을 이룬다.
> 5. 한 명이 설명을 읽으면 다른 한 명이 답을 맞힌다.
> 6. 가장 빠른 시간에 6장을 다 맞힌 팀이 이긴다.

2. 아래 표에 유엔의 대표적인 전문 기구 네 곳이 하는 일을 각각 정리하세요.

기구 이름	하는 일
유네스코	
유니세프	
국제원자력기구	
세계보건기구	

3. 아래 사진은 유엔본부 광장에 설치된 조각상입니다. 조각상의 모습을 설명한 뒤 사진이 뜻하는 바를 추측하고 제목도 붙이세요.

▲유엔본부 광장에 설치된 조각상.

사진 제목 :

사진 설명 :

사진의 의미 :

머리에 쏘옥

유엔의 전문 기구

유엔은 세계 각국의 협력을 강화하기 위해 많은 전문 기구를 두는데, 유네스코와 유니세프, 국제원자력기구, 세계보건기구 등이 대표적입니다.

▶유네스코(UNESCO)=교육, 과학, 문화의 힘으로 세계 평화를 이루기 위해 1945년 설립했습니다. 문맹 퇴치와 세계 유산의 등록과 보호 등 사업을 합니다.

▶유니세프(UNICEF)=전쟁을 겪으며 배고픔과 질병으로 죽는 어린이들을 보호하기 위해 1946년 설립했습니다. 모금을 통해 마련한 기금으로 어린이들을 돕습니다.

▶국제원자력기구(IAEA)=원자력을 군사적으로 이용하는 것을 막고 평화적인 사용을 돕기 위해 1957년 설립했습니다.

▶세계보건기구(WHO)=모든 사람이 최고의 건강을 유지하며 살도록 하기 위해 1948년 설립했습니다. 유행병과 전염병 연구, 회원국의 질병 예방 지원 등의 일을 합니다.

▲유네스코(위 사진)와 유니세프 로고.

생각이 쑤욱

4 20년 뒤 자신이 유엔 기구에서 활동한다면 어디에서 일하고 싶고, 그 이유는 무엇인가요?

5 아래 기사에서 나타난 문제를 해결하려면 어떤 유엔 기구가 나서야 하며, 어떤 해결책을 내놓을 수 있을지 1분 동안 설명하세요.

> 해마다 봄이면 중국의 사막에서 불어오는 황사가 올해는 더욱 거셀 전망이다. 황사는 중국에서 발생하지만 서해를 넘어 한국과 일본에 사는 사람들에게까지 불편을 준다. 황사처럼 국경을 넘어 다른 나라에 영향을 주는 문제를 '국제 문제'라고 부른다.
>
> 한국일보 기사 참조

머리에 쏘옥

유엔의 다른 기구들

▶국제노동기구(ILO) : 1919년 노동자의 노동 조건과 생활 수준을 개선하기 위해 만들었어요.

▶유엔식량농업기구(FAO) : 기아 예방을 우선으로 하며, 농업과 임업, 수산업 개발에 대해 각 나라의 의견을 조정하기 위해 만들었어요.

▶국제통화기금(IMF) : 세계 무역의 안정을 위해 만든 국제 금융 기구입니다. 금융 질서 확립, 국제 무역 확대, 생산 자원 개발 등에 힘쓰고 있어요.

▶국제민간항공기구(ICAO) : 국제 항공 운송을 발전시키고, 민간 항공의 평화로운 협력과 발전을 위해 만들었어요.

▶만국우편연합(UPU) : 우편물이 나라와 나라 사이를 자유롭게 오가게 해 세계 경제와 문화 교류를 돕기 위해 만들었어요.

▲국제노동기구 로고.

생각이 쑤욱

6 자신이 가장 심각하다고 생각하는 국제 문제를 꼽고, 어떤 해결책을 내놓을 수 있을지 설명하세요.

머리에 쏘옥

유엔의 193번째 가입국 남수단

남수단은 종교와 민족 갈등 문제로 수단과 50년에 걸친 내전 끝에 지난 2011년 7월 9일 '남수단공화국'으로 분리 독립했습니다. 그리고 5일 뒤인 7월 14일 193번째 유엔 회원국이 되었습니다.

유엔은 이날 남수단을 회원국으로 가입시키는 안건을 만장일치의 박수갈채로 통과시켰습니다.

▲분리 독립에 기뻐하는 남수단 국민.

7 유엔에서 정한 규칙을 지키지 않았을 때도 벌을 받지 않기 때문에 이를 무시하는 나라도 있습니다. 유엔의 규칙을 잘 지킬 수 있게 하는 아이디어를 한 가지만 내세요.

행복한 논술

유엔은 전쟁을 막고 평화를 유지하기 위해 1945년 창설되었어요. 그동안 세계 평화 유지는 물론 식량난 극복, 질병 퇴치, 문화 활동 지원, 어린이들의 교육과 복지 증진을 위해 노력했습니다. 그리고 지금은 지구 온난화에 따른 기후 변화에 대응하기 위해 힘을 쏟는 등 갈수록 그 역할이 확대되고 있습니다.

유엔사무총장 입장에서 유엔이 어떤 일을 하는지 알리고, 유엔이 나아갈 바람직한 방향을 제시하세요(500~600자).

답안과 풀이

01 신문 읽기 성적 올리기

♣14쪽
▶생각이 쑤욱
1. 예시 답안 생략
2. 예시 답안

　신문 기사를 꾸준히 읽으면 독해력이 향상된다/다양한 분야의 용어를 접할 수 있어 어휘력이 길러진다/문제 해결 능력과 분석력을 키울 수 있다/배경 지식이 늘고 자신감도 생긴다 등.

3. 예시 답안
　-표제 : 신문 읽으면 성적 오른다
　-부제 : 신문 읽을수록 수능 성적 높고 성공 가능성 커
　-전문 : 신문을 꾸준히~큰 것으로 나타났다.
　-본문 : 이 같은 사실은~의미하는 것이다
　-해설 : 하지만 상황이 이런데도~요인으로 분석되었다.

♣15쪽
▶생각이 쑤욱
4. 예시 답안

5. 예시 답안

	신문 기사	TV 뉴스
공통점	새로운 소식을 전한다/많은 사람들이 본다 등	
차이점	글자와 사진으로 소식을 전한다/시간이 지나도 화면이나 글자가 바뀌지 않는다 등	소리와 화면으로 소식을 전한다/시간이 지나면 화면이 바뀌거나 사라진다 등

신문 기사의 장점	종이에 적힌 글자이므로 시간이 지나도 사라지지 않아 신문을 보면서 천천히 기록하거나 생각할 수 있다. 또 같은 페이지 안에 보도 기사와 분석 기사, 해설 기사가 함께 들어 있으므로 다양한 정보를 정리하며 읽을 수 있다.

♣16쪽
6. 예시 답안
　쓸 거리가 풍부해지고 배경 지식을 키울 수 있다/국내 뉴스와 해외 뉴스를 접해 시각도 넓어진다/일찍부터 진로에 눈을 뜰 수 있다 등.

7. 예시 답안

구분	내용
일기 이름	우주날개 일기
쓰는 횟수	1주일에 (2)일
읽을 신문	중앙일보, 한겨레
선정한 주제	우주 탐사
주제를 선정한 까닭	평소 우주에 관심이 많은데다 내 꿈이 항공우주과학자이기 때문이다. 우주 관련 기사를 꾸준히 읽고, 모으다 보면 내 꿈을 이루기 위해 많은 정보를 얻을 수 있을 것 같아서다.
일기에서 할 주요 활동	모르는 단어 찾아 우주에 관한 지식 넓히기/우주인이나 과학자 가운데서 역할 모델 정해 인터뷰 기사 쓰기/세계의 우주 개발 소식 모아서 시간별로 정리하기 등

♣17쪽
▶행복한 논술 (예시 답안)
　어릴 적부터 신문을 꾸준히 읽을수록 공부도 잘하고 직업적으로 성공한다는 조사 결과가 나왔다. 신문을 읽으면 독해력과 논리력을 기르고 배경 지식을 갖출 수 있다. 또 어휘력도 크게 향상되며 이해력도 자라서 학습 능력이 향상된다.
　신문을 꾸준히 읽으려면 습관을 들이는 일이 중요하다. 이를 위해서는 신문 일기를 쓰는 것이 좋다. 보통 일기를 쓰면 글감을 찾지 못해 곤란을 겪을 때가 많은데, 신문 일기는 언제나 다양한 소재가 있으므로 일기를 쓸 때 편리하다. 신문 일기를 쓰면 다양한 뉴스를 접할 수 있어 사회를 보는 시각

117

도 넓어진다. 또 신문에서 여러 가지 직업을 접하며 자신이 원하는 직업을 찾을 수 있고, 신문에 나온 사람 가운데서 역할 모델을 찾아 무엇을 본받아야 할지 구체적으로 생각할 수도 있다.

신문 일기는 세상을 알게 하는 창문 역할도 하고 자신의 꿈과 진로를 찾을 수 있게 하는 지도가 된다. 올 한 해 동안 구체적인 계획을 세워 신문 일기를 꾸준히 쓰도록 노력하자.

02 '화성 신도시'에서 살아 볼까

♣ 23쪽
▶생각이 쑤욱
1. 예시 답안

	지구	화성
크기	화성의 2배	지구의 절반
1일의 길이	24시간	24시간 37분
자전축 기울기	23.5도	25.19도
중력	화성의 3배	지구의 3분의 1

2. 예시 답안
물은 생명체가 살 수 있는 가장 중요한 조건이어서 생명체가 존재할 가능성이 커지기 때문에/사람이 화성에 갔을 때 물을 자원으로 활용할 수 있기 때문에 등.

3. 예시 답안 (그림 생략)
탐사 로봇의 바퀴는 화성의 큰 바위를 잘 넘어갈 수 있을 정도로 커야 하고, 바위 표면에서 미끄러지지 않도록 홈이 많이 패여 있어야 한다. 화성에는 모래 폭풍이 자주 불기 때문에 바람을 받는 면적을 줄여야 한다. 따라서 표면을 유선형으로 만들어 바람이 빠져 나가게 하거나, 몸체에 구멍을 많이 만들어 바람이 통과할 길을 만들어야 한다.

♣ 24쪽
▶생각이 쑤욱
4. 예시 답안

호흡	대기가 이산화탄소여서 숨을 쉴 수 없기 때문에 늘 산소통을 가지고 다녀야 한다.
바깥 활동	기온이 매우 낮은데다 중력이 약하므로 두꺼운 우주복을 입고 다녀야 해서 불편하다.
식량	식물이 잘 자라기 힘든 환경이므로 건물 안에서 작물을 키워 식량으로 써야 한다.
기타	모래 폭풍이 자주 불어 태양열 전지판이나 외부로 통하는 창문을 자주 닦아 주어야 한다.

5. 예시 답안
다른 천체에 생명체가 존재하는지 연구하는 까닭은 우주와 생명에 대한 호기심을 해결하기 위해서다. 생명이 어떻게 만들어졌는지는 밝혀지지 않았다. 다른 천체에서 생명체가 발견된다면 그 해답을 풀 실마리를 찾을 수 있기 때문이다. 따라서 화성에서 생명체가 발견된다면 사람들은 지구에만 생명이 살 수 있을 거라는 고정 관념을 버리고 우주 개발에 더 많은 관심을 가지게 될 것이다. 화성 외의 다른 별에서도 생명체를 발견할 가능성이 생겼기 때문이다. 또 화성에서 사람이 살 가능성을 높이 평가해 화성 개발에 투자하는 돈을 아깝게 생각하지 않을 것이다.

♣ 25쪽
▶생각이 쑤욱
6. 예시 답안
-가겠다
1. 지구가 아닌 다른 행성에서 살아 보고 싶기 때문이다.
2. 화성을 개척하면서 보람을 느끼고 싶기 때문이다.
3. 화성에서 우주를 연구하고 싶기 때문이다.
-가지 않겠다
1. 지구의 자원이 바닥나고 환경이 심하게 오염되어 사람이 살기 나빠졌을 때.
2. 화성에 대기가 생기고 물이 풍부해져 지구와 환경이 비슷해졌을 때.
3. 화성에 사람들이 많이 이주해 살기가 편리해졌을 때.

7. 예시 답안
(탐사해야 한다) 화성을 탐사하는 것은 인류의 미래와 복지를 위해 매우 중요한 일이다. 지구의 자원이 고갈되고 환경이 나빠졌을 때 사람들이 피난해서 살 수 있는 곳이 생기기 때문이다. 또 화성을 탐사하면서 발전할 과학 기술로 사람들의 생활을 편리하게 할 수도 있다.

(어려운 사람을 도와야 한다) 지구에서 굶주려 죽는 사람들을 돕는 것이 옳다. 화성을 탐사해 개발한다 해도 거기서 사람이 살 수 있을지는 아직 확실하지 않다. 화성을 개발하기보다는 그 돈으로 어려운 사람들을 도와 지구를 더 살기 좋은 곳으로 만드는 것이 중요하다.

♣ 26쪽
▶행복한 논술 (예시 답안)
화성은 태양계의 네 번째 행성으로, 지구와 가까이에 있고 닮은 점도 많아 '제2의 지구'로 불린다. 화성의 하루는 지구와 비슷하며, 자전축이 기울어진 정도도 비슷해 사계절이 있다. 표면 온도는 영하 140도부터 영상 20도까지 다양하며, 중력은 지구의 3분의 일이다. 지구처럼 충분하지는 않지만 물도 있다. 대기도 엷게 존재하지만 이산화탄소가 대부분이어서 사람이 숨을 쉴 수는 없다. 땅은 붉은 모래와 바위로 덮여 있고 강한 모래 폭풍이 자주 불어 그때마다 표면이 모래로 덮인다. 화성은 2년마다 지구에 가까이 다가오는데, 그때 우주선을 띄우면 6~7개월 안에 도달할 수 있다.

사람들이 화성을 탐사하는 까닭은 생명체가 존재하는지

알고, 지구에서 부족한 자원을 탐사하기 위해서다. 앞으로 지구에 문제가 생겨서 사람이 살 수 없을 때 옮겨 살기 위한 목적도 있다. 화성에는 물이나 수소 등 생명을 유지하는 데 필요한 대부분의 원료가 있어 사람이 살기에 유리하다. 따라서 미국 등 주요 선진국들은 탐사선을 보내고 있다. 또 우주 기술을 보유한 미국의 민간 기업들이 자체적으로 화성을 개발해 식민지로 만들 계획을 세우고 있다.

03 넘어져야 일어설 수 있다

♣32쪽
▶생각이 쑤욱
1. 예시 답안

구분	내용
개인적인 이유	· 인내심 등 인성을 기를 수 있다. · 목표 달성 기술이 늘어 꿈을 이루기 쉬워진다.
사회적인 이유	· 새로운 물건을 개발할 수 있다. · 기술이 발전할 수 있다.

2. 예시 답안
도전하는 사람
예) 용기가 있다.
· 끈기가 있다.
· 새로운 것을 좋아한다.
도전을 주저하는 사람
예) 겁이 많다.
· 쉽게 포기한다.
· 변화를 두려워한다.
나의 도전 성향
나는 새로운 것을 좋아하지만, 쉽게 포기하는 편이다. 앞으로는 힘들어도 목표를 달성한 모습을 상상하며 꾹 참고 도전해야겠다.

3. 예시 답안
스마트폰은 저를 행복하게 만드는 물건입니다. 언제 어디에서나 친구와 대화할 수 있고, 음악도 듣고, 영어 단어도 찾을 수 있습니다. 게임을 하거나 만화 동영상을 볼 때면 모든 스트레스가 확 풀립니다. 미국의 애플사를 창업하고 스마트폰 개발에 기여한 스티브 잡스에게 감사합니다.

♣33쪽
▶생각이 쑤욱
4. 예시 답안
-나라면 나폴레옹의 모자를 26억 원에 살 것이다. 그 모자를 보고 새로운 도전을 하는 사람이 많아지면 26억 원 이상의 가치를 할 수도 있기 때문이다.
-나라면 나폴레옹의 모자를 26억 원에 사지 않을 것이다. 모자 하나의 가격이 너무 비싸다고 생각한다. 차라리 그 돈으로 다양한 도전 교육 프로그램을 만들 것이다.

5. 예시 답안
저는 지난달에 '줄넘기 달인 되기'에 도전했어요. 학교에서 한 학기 동안 그치지 않고 줄넘기 50번 넘기 숙제를 내줬었어요. 저는 다른 친구들보다 훨씬 더 많이 넘고 싶어서 줄넘기 100개, 쌩쌩이 50개, 꺾기 50개를 목표로 했어요. 저녁마다 연습하기로 했는데 실패했어요. 저는 운동을 무척 싫어하는데다, 줄넘기는 10개도 겨우 넘는 수준이었어요. 그런데 친구에게 뽐내고 싶은 마음에 목표를 무리하게 잡았던 거예요. 그리고 일과를 마치고 자기 전에 연습하려니 피곤해서 자꾸 미루게 되었어요. 다음에는 제 상황을 잘 파악해 실현할 수 있는 목표를 세울 겁니다. 혼자서 하기 어려울 경우 친구나 가족 등 함께 할 사람도 구할 겁니다.

♣34쪽
▶생각이 쑤욱
6. 예시 답안
자신에게 맞는 목표를 세운다/자신감을 갖는다/체력을 기른다 등.

7. 예시 답안

<표지의 예>	<차례의 예>
제목: 도전해야 성공한다 ○○○○년 3월부터 ○○○○년 2월까지 이름 : 나행복	만나고 싶은 도전자들 1. 에디슨 2. 조희옥 3. 콜드웰 4. 나폴레옹 5. 닐 암스트롱

<본문의 예>

도전자 이름	조희옥
도전 목표	의상디자이너
도전 이유	오랫동안 공장에서 일한 경험을 살려 옷을 디자인하고 싶다.
도전 과정	학교에 열심히 다니고, 대학 수학능력 시험을 치렀다.
도전 결과	한 대학 시험에서 떨어졌지만, 계속 도전할 것이다.

느낀 점이나 배울 점
81세의 할머니인데도 공부를 재미있어하고, 계속하고 싶어한다는 점이 신기했다. 나도 꿈을 갖고 공부를 즐기면서 해야겠다.

♣35쪽
▶행복한 논술 (예시 답안)

　도전은 새롭거나 어려운 일을 달성하려는 시도입니다. 도전은 개인을 성장시키고, 사회가 발전할 수 있도록 뒷받침하는 힘입니다. 도전하는 과정에서 인내심을 기를 수 있고, 성취의 기쁨도 맛볼 수 있습니다.
　조그만 목표에 도전해 성공 경험이 쌓이다 보면 목표 달성 기술이 좋아지고 큰 꿈도 이룰 수 있게 됩니다.
　저는 우주비행사가 되는 것이 꿈입니다. 우주왕복선을 조종하는 우주비행사가 되어 2035년에는 화성에 다녀오고 싶습니다. 목표를 달성하기 위해 우선 대학에 들어가서 물리학을 전공하고, 2030년에 한국항공우주연구원에 들어갈 것입니다. 단기 목표는 초등학교 때 방과후교실에서 다양한 과학 탐구 수업에 참여할 것입니다. 또 매월 과학 잡지를 구독하면서 우주와 과학에 관한 지식을 많이 쌓을 것입니다.
　우주선에 들어가 생활하려면 몸도 튼튼하고, 키가 162.5센티미터 이상이어야 한다고 합니다. 그래서 매일 한 시간씩 운동을 하고, 반찬도 가리지 않고 골고루 먹을 것입니다.

04 '백정의 고기 한 근'과 존댓말

♣41쪽
▶생각이 쑤욱
1. 예시 답안
　부모가 존댓말을 가르치지 않아서/학교에서 제대로 된 존댓말 교육을 받지 않아서 등.
2. 예시 답안
　다른 사람과의 관계가 더 부드러워진다/상대를 배려하는 마음을 기를 수 있다/말실수를 줄일 수 있다 등.
3. 예시 답안
　-교장 선생님 말씀이 있겠습니다.
　-언니, 아버지께서 아이스크림 못 사오신대.
　-할아버지, 저희 집에 언제 오세요?

♣42쪽
▶생각이 쑤욱
4. 예시 답안
　부드러운 표현을 쓴다/'부탁해'라는 말을 붙여 정중함을 나타낸다/직접적으로 말하기보다는 에둘러서 말한다/표정이나 자세 등에 상대방을 존중하는 마음을 담는다 등.
5. 예시 답안
　-존댓말 쓰기를 지지하는 의견 : 존댓말은 상대를 존중하는 마음이 담긴 말이다. 따라서 존댓말을 쓰면 마음이 상하는 일도 줄어들고, 상대가 기분이 나쁠 만한 내용도 부드럽게 표현할 수 있다.
　-존댓말 쓰기를 반대하는 의견 : 존댓말을 쓰면 높은 사람과 낮은 사람이 나뉘게 된다. 따라서 자신이 하고 싶은 말도 잘 표현하지 못하고 거리감을 느낄 수밖에 없다.

♣43쪽
▶생각이 쑤욱
6. 예시 답안
　존중의 마음을 바르게 표현할 수 없기 때문에/높임을 받아야 할 대상을 제대로 표현할 수 없기 때문에 등.
7. 예시 답안

존댓말 쓰기 서약서
○학년 ○반 ○○○

　나는 부모님과 선생님, 이웃 어른들에게 바른 존댓말을 사용할 것을 약속합니다. 존댓말을 통해 어른을 존경하는 마음을 배우고, 화가 나는 일이 있더라도 예의를 갖춰 말할 수 있는 어린이가 되겠습니다. 이 약속을 어긴다면 일주일 동안 내가 만나는 모든 사람들에게 존댓말을 쓰는 벌칙을 받겠습니다.

○○○○년 ○○월 ○○일

♣44쪽
▶행복한 논술 (예시 답안)
　존댓말을 쓰는 어린이들이 갈수록 줄고 있다. 평소 가정이나 학교에서 존댓말을 배울 기회가 적고 가까운 사이에 존댓말을 쓰면 어색하다고 생각하기 때문이다. 하지만 존댓말에는 상대를 존중하는 마음이 담겨 있다. 그러므로 존댓말을 쓰면 다른 사람과의 관계가 부드러워지고, 상대를 배려하는 마음을 기를 수 있다. 말실수도 줄일 수 있다.
　어린이들이 바른 존댓말 사용을 생활화하려면, 가정에서는 부모가 주변 어른에게 존댓말을 사용하는 모범을 보여야 한다. 학교에서는 교사와 학생이 서로 존댓말을 사용해서 존댓말이 몸에 배게 해야 한다. 체계적인 교육 프로그램을 만들어 존댓말의 장점을 알리고, 여러 가지 상황극을 통해 존댓말의 다양한 사용법을 익히는 것도 좋다. 학생 스스로도 존댓말의 필요성을 깨닫고 부모님과 서약서를 써서 실천하거나, 주위 어른들에게 존댓말을 쓰려는 노력을 해야 한다.

05 멧돼지와 공존하는 법

♣50쪽
▶생각이 쑤욱
1. 예시 답안
　농작물을 파헤치고 망가뜨린다/전력 시설에 피해를 준다/사람을 공격하거나 고속도로에 갑자기 나타나 인명 피해를 일으킨다/비행장 주변에 나타나 항공기 사고를 일으킨다/광견병이나 조류인플루엔자와 같은 인수공통전염병을 발생시킨다 등.
2. 예시 답안
　언제부터인가 맹수 같은 천적이 없어지니 우리 멧돼지들

이 아주 많이 늘어났어. 식구가 많아지니 먹이도 많이 부족한데다 우리가 살던 숲까지 마구 개발했기 때문이야. 우리들이 움직이는 이동 통로도 끊겨 조금만 나가면 바로 고속도로 한가운데란 말이야. 먹을 게 없으니 사람들이 심어 놓은 농작물을 훔쳐 먹는 거야. 이 모든 게 사람들 탓인데, 왜 우리 탓만 하는지 정말 억울해.

♣51쪽
3. 예시 답안
　알을 낳지 못하게 하는 약을 모이에 넣어 준다/도심에 황조롱이나 매와 같은 천적을 살게 해 비둘기 수를 조절한다 등.
4. 예시 답안
　환경 오염으로 야생 동물이 사라졌다/농약과 같은 독극물 사용으로 많은 야생 동물이 죽었다/숲을 많이 파괴해 야생 동물의 보금자리가 없어졌다 등.
5. 예시 답안
　야생 동물을 지금 보호하지 않으면 다시는 볼 수 없을지도 모릅니다.

♣52쪽
▶생각이 쑤욱
6.예시 답안
　야생 동물이 농가에 내려와 피해를 주는 일을 막을 수 있다/야생 동물 서식지를 관광 자원으로 활용할 수 있다 등.
7. 예시 답안

> 나의 반달이, 반달가슴곰아~
> 지리산 소식을 자주 알려 주렴♡
>
> 반달이 짝꿍 이행복

♣53쪽
▶행복한 논술 (예시 답안)
　일제강점기에 일본은 호랑이나 표범 등 맹수가 사람에게 피해를 준다고 마구 잡아 죽였다. 그 결과 우리나라에서는 더 이상 호랑이와 표범을 볼 수 없게 되었다. 늑대와 여우도 멸종 위기 동물이 되었다. 사람의 생명과 재산에 피해를 주는 유해 야생 동물이라도 마구 잡아 죽이면 어느 순간에는 모두 멸종하게 된다. 동물은 더불어 살아야 하는 중요한 자연 유산이다. 한 번 사라진 동물은 복원하기 힘들다. 멧돼지나 까치, 비둘기 등도 지금은 귀찮다고 마구 잡으면 먹이사슬 관계에 있는 다른 동식물이 더 급속히 불어나게 된다. 그러면 사람은 계속 야생 동물과 싸움을 벌일 것이고, 결국 지구는 황폐하게 변할 것이다.
　급속하게 팽창한 야생 동물은 줄여야겠지만 마구잡이로 없앨 게 아니다. 다른 나라의 사례를 참고해서 과학적인 방법을 통해 그 수를 관리해야 한다. 그래야 멸종을 막을 수 있다.
　야생 동물이 평화롭게 살 수 있는 자연 환경도 만들어야 한다. 무분별한 개발로 사라진 야생 동물의 보금자리를 다시 만들고, 생태 공원을 마련하면 사람과 야생 동물이 평화롭게 공존할 수 있을 것이다. 자연은 사람만의 것이 아니라 모든 동식물의 것이라는 사실을 잊지 말아야 한다.

06 가난한 나라 살리는 공정 무역

♣59쪽
▶생각이 쑤욱
1. 예시 답안

> ①무역을 할 때 다른 나라에 파는 것을 말함 (수출)
> ②직접적인 물물 교환 행위(교역)
> ③상인과 상인 또는 상인과 소비자 간에 사고파는 행위(거래)
> ④국가와 국가 사이에 화폐를 통해 이뤄지는 물품이나 서비스의 이동을 말함(무역)
> ⑤무역을 할 때 다른 나라에서 사오는 것을 말함(수입)

2. 예시 답안

> 무역이 이뤄지는 까닭
> ①경제를 성장에 도움이 된다.
> ②나라마다 자원과 자연 환경, 기술, 자본 등이 다르기 때문이다.

> 무역의 이점
> ①자국에서 생산되지 않는 것을 다른 나라에서 수입할 수 있다.
> ②자국에서 많이 나는 것을 다른 나라에 수출해 돈을 벌 수 있다.

3.예시 답안

> 생산자
> ①자립할 수 있다.
> ②일한 만큼 대가를 받을 수 있다.

> 소비자
> ①저개발국 생산자들의 자립을 돕는다.
> ②질 좋은 상품을 살 수 있다.

♣60쪽
▶생각이 쑤욱
4. 예시 답안
　공정 무역을 통해 부모님의 수입이 늘어 소니아가 일하지 않고, 시각장애인이 다니는 특수 학교에 다닐 수 있다/소니

121

아가 일한 만큼의 정당한 대가를 받아 더 나은 미래를 꿈꿀 수 있다 등.

5. 예시 답안
그 뒤 나이키는 소비자들의 불매 운동이 이어지자 최고경영자가 사죄하기에 이르렀다. 아동 노동을 금지하는 등의 새 프로그램도 시행했다.

♣61쪽
▶생각이 쑤욱
6. 예시 답안
가난한 나라의 노동자들은 아무리 열심히 일해도 가난에서 벗어나기 어려워요. 학교에도 아직 들어가지 않은 어린이들까지 일해도 그렇죠. 이런 일이 일어나는 이유는 열심히 일하면 부자가 되는 나라도 있지만, 그렇지 않은 경우도 있기 때문이에요. 중간에서 이득을 많이 내려고 욕심을 부리는 기업들과 나라가 있어서 그렇습니다. 물건을 만든 사람에게 헐값에 사서 비싸게 되팔면 자기네에게는 이익이 많이 남겠지만, 물건을 만들어 판 사람은 끼니조차 굶는 일이 생깁니다. 무역의 이러한 단점을 고칠 수 있는 것이 공정 무역이에요. 공정 무역을 하면 중간 상인이 마음대로 값을 정하는 것을 막고, 가난한 사람이 자립할 수 있도록 도울 수 있습니다. 원조나 기부 등을 통해 가난한 나라의 노동자들을 돕는 것보다 더 가치 있는 일입니다.

7. 예시 답안
공정 무역으로 들여온 옷을 이용해 패션쇼 하기/공정 무역에 관한 생산자들의 사진을 담은 사진전 열기/공정 무역으로 들여온 커피 시음 행사 열기/공정 무역 제품인 초콜릿 나눠 주기/어린이를 대상으로 카카오 열매 따기 또는 축구공 꿰매기 등의 체험 행사 열기 등.

♣62쪽
▶행복한 논술 (예시 답안)
나라들끼리 서로 이익을 얻기 위해 상품을 사고파는 것을 무역이라고 한다. 그런데 가난한 나라일수록 노동자들이 제대로 대가를 받지 못한 채 일한다. 강대국이나 대기업들이 중간에서 이익을 가로채기 때문이다.

무역의 이러한 단점을 고치기 위해 나온 것이 '공정 무역'이다. 가난한 나라와 무역할 때 생산자와 직거래를 통해 제 값을 쳐 주고 상품을 사는 것이다. 공정 무역을 하면 가난한 나라의 생산자가 물건 값을 제대로 받을 수 있기 때문에 경제적으로 자립할 수 있다. 그리고 공정 무역이 활발해지면 어린이들을 굶주림과 고된 노동에서 구할 수 있고, 제대로 된 교육을 받게 할 수 있다. 소비자는 저개발국 생산자들의 자립을 도우면서도 질 좋은 상품을 살 수 있어 서로 이익이 된다.

공정 무역은 가난한 나라 사람들의 삶을 긍정적으로 바꿨다. 더 많은 사람들이 혜택을 받게 하려면 공정 무역을 더 발전시켜야 한다.

소비자는 제품을 살 때마다 생산자와 노동자에게 정당한 대가를 치렀는지 따져 봐야 한다. 기업들이 더 많은 공정 무역 제품을 판매하고, 원료를 수입해 제품을 생산한다면 공정 무역이 활성화될 수 있다. 정부는 소비자를 대상으로 공정 무역 교육 등을 실시하고, 공정 무역을 지원하는 법과 제도도 마련해야 한다.

07 안용복 같은 '독도 전사'가 되자

♣68쪽
▶생각이 쑤욱
1. 예시 답안
독도를 한국에게 빼앗긴 일본의 땅이라고 생각한다/한국과 일본의 미래 세대가 화해하지 못하고 반감을 갖게 된다/독도를 일본이 되찾아야 한다고 생각한다 등.

2. 예시 답안
독도를 손아귀에 넣으면 주변 바다를 가질 수 있기 때문에 그곳의 수산 자원과 에너지 자원을 독차지할 수 있다. 그리고 다른 나라의 군사적 움직임을 관찰하기에도 좋은 지역이다. 독도에 기상 관측 시설이나 해양 관측 시설을 설치하기에도 좋다.

3. 예시 답안
독도는 국제법상으로 현재 우리나라의 지배 아래에 있다. 우리 주민들이 거주하며, 독도경비대원들이 밤낮으로 지키고 있다. 그리고 등대관리원과 공무원들이 독도의 시설을 관리하고 있다. 그리고 어떤 땅이 어느 나라에 속해 있는지 따지는 기준 가운데 하나는, 어느 나라에 그 땅이 더 가까이에 있느냐다. 독도는 울릉도에서 87킬로미터 떨어져 있어서 맑은 날에는 맨눈으로 볼 수 있을 정도로 가깝다. 일본의 오키섬은 독도에서 157킬로미터 떨어져 있기 때문에 울릉도와 독도의 거리보다 두 배 정도 멀다.

♣69쪽
▶생각이 쑤욱
4. 예시 답안

종류	이름
식물	왕호장근, 바위채송화
곤충	작은멋쟁이나비, 된장잠자리
바다 생물	산호류, 붉은얼룩참집게, 청황베도라치, 끄덕새우, 곤봉바다딸기
새	물수리, 괭이갈매기
보호 구역으로 정한 까닭	사람의 발길이 닿지 않아 생태계가 파괴되지 않고 잘 유지되고 있으며, 독도에 서식하는 독특한 생물의 가치가 크기 때문이다.

5. 예시 답안

(적극적으로 대응하지 말아야 해) 일본이 독도 영유권 논란을 일으키는 까닭은 독도가 대한민국의 땅이 아닐 수 있다는 생각을 국제 사회에 심어 주기 위해서야. 그래서 국제 재판소에 제소했을 때 유리한 위치를 자치하려는 것이지. 독도는 신라 시대부터 역사적, 지리적으로 우리 땅이야. 그러니 일본의 억지 주장에 대응해 일을 키우기보다는 독도가 우리 땅임을 증명하는 지도나 책을 찾아 모으고 연구해서, 독도 영유권 문제를 놓고 국제 재판으로 다툴 때를 대비하는 것이 현명해.

(적극적으로 대응해야 해) 일본은 학생들이 배우는 교과서에 독도를 자기네 땅이라고 거짓 사실을 적어 가르치고 있어. 일본 학생들이 어렸을 적부터 독도를 자국 땅으로 믿게 한 거지. 게다가 독도의 이름을 '다케시마'로 바꿔 이 이름으로 표기된 지도를 국제 사회에 배포하고 있어. 이대로 두면 세계적으로 우리나라만 독도를 우리 땅이라고 생각하게 될 거야. 그러니 일본이 독도를 빼앗으려 한다는 사실을 국제 사회에 적극 알리고, 역사적·지리적으로 우리 땅임을 증명하는 자료를 제시해야 해. 우리나라가 침묵하는 사이 독도가 일본 땅으로 알려지기 쉽단 말이야.

♣70쪽
▶생각이 쑤욱
6.예시 답안

이름	김성도 씨 부부
한 일	독도로 주소를 옮기고 거기서 산다.
칭찬받을 이유	김성도 씨 부부를 칭찬합니다. 두 사람은 독도를 지키겠다는 마음에서 불편함을 무릅쓰고 독도에서 살기 때문입니다. 이들 부부가 있어서 독도가 사람이 사는 유인도가 되었고, 무인도라는 일본의 주장에 반박할 근거가 마련되었습니다.

7. 예시 답안

안녕하세요, 저는 대한민국의 사이버외교사절단 반크(VANK)의 회원입니다.

일본 정부에서 2018년에 열리는 평창동계올림픽 홍보 홈페이지에 독도가 들어간 한국 지도를 없애 달라며 항의했다고 들었습니다. 스포츠 정신에 어긋난다는 이유를 들었다는데, 일본의 주장은 옳지 않습니다. 독도는 신라 시대부터 역사적, 지리적으로 대한민국 땅이고, 국제법상으로도 대한민국이 실제로 지배하는 고유 영토입니다. 따라서 대한민국 영토를 대한민국이 국제 사회에 알리는 일은 스포츠 정신에 어긋나지도 않고, 논란거리도 될 수 없습니다. 일본의 억지 주장은 빨리 거두어 들여야 할 것입니다.

♣71쪽
▶행복한 논술 (예시 답안)

일본 정부가 자기 나라 초등학생과 중학생들이 배우는 교과서에 독도가 일본 땅이라는 거짓 주장을 의무적으로 포함시키도록 했다. 독도를 대한민국에게 빼앗겼고, 되찾아야 할 땅임을 어렸을 적부터 심어 주기 위한 계산이 깔려 있다.

일본이 독도를 노리는 까닭은 독도의 가치가 크기 때문이다. 독도는 동해의 한복판에 있기 때문에 기상 관측 시설이나 군사 시설을 세우기 좋다. 주변 바다에는 수산 자원과 에너지 자원이 풍부하다. 또 육지에서 많이 떨어져 있어서 오랫동안 사람의 발길이 닿지 않았기 때문에 다양한 생물이 서식한다.

일본의 거짓 주장에 맞서 독도를 지키려면, 독도가 왜 우리 땅인지 근거부터 알고 논리적으로 설명할 수 있어야 한다. 독도를 주제로 여는 행사에 참여하거나, 독도 체험관 또는 박물관을 방문해서 배경 지식을 넓히면 좋다. 학교에서는 독도 교육을 강화하고, 정부는 독도가 우리 땅이라는 증거를 많이 찾아 국제 사회에 널리 알려야 한다

08 피라니아가 우리 강에서 산다면…

♣77쪽
▶생각이 쑤욱
1. 예시 답안

피라니아와 레드파쿠가 우리나라 저수지에 적응해서 살면 우리 생태계를 파괴할 수 있기 때문이다.

2. 예시 답안

외래 동물	들어온 경로
황소개구리	식용으로 키워 팔려고 미국에서 수입
뉴트리아	고기는 사료의 원료로, 가죽은 모피로 쓰기 위해 프랑스와 불가리아에서 수입
붉은귀거북	애완용으로 팔기 위해 미국에서 수입
큰입배스와 블루길	강에 풀어 키워서 잡아먹을 목적으로 미국에서 수입
꽃매미	중국에서 바람에 실려 들어옴

3. 예시 답안

천적이 없고, 지구 온난화가 진행되며 외래 동물이 살아남기 쉬운 환경으로 바뀌었기 때문이다.

♣78쪽
▶생각이 쑤욱
4. 예시 답안
　생태계는 한번 파괴되면 회복하기 어려운데, 생태계는 모두 연결되어 있기 때문이다. 생태계에서 개구리가 사라지면 개구리를 먹이로 하는 백로나 뱀의 수도 줄어든다. 따라서 백로나 뱀을 먹이로 하는 독수리의 수도 감소한다. 반대로 개구리의 먹이인 모기나 파리, 벌의 숫자는 크게 늘어나 동물이나 사람을 괴롭히거나 병을 옮긴다. 따라서 시간과 노력을 들여 생태계의 한 부분을 바로잡는다고 해도 다른 부분에 끼친 영향까지 회복하기는 어려운 것이다.

5. 예시 답안
　외래 동물을 키우기 전에 키우기로 결정한 동물의 특성을 충분히 공부한다/자신이 사는 환경에서 키울 수 있는 동물인지 판단한다/인터넷이나 책 등에서 직접 동물을 키워 본 사람의 이야기를 찾아 읽는다/외래 동물을 키울 수 없는 상황이 올 때 어떻게 할지 대비한다/외래 동물이 옮기는 질병이나 병균이 없는지 알아본다 등.

♣79쪽
▶생각이 쑤욱
6. 예시 답안
　-벌의 종류 : 외래 동물 피해를 주제로 한 교육 10시간을 듣고, 30시간의 봉사 활동을 명령한다. 봉사 활동은 강이나 산에서 사람들이 버린 외래 동물을 잡아들이는 것으로 한다.
　-벌을 주는 까닭 : 외래 동물이 어떤 피해를 주는지 알고, 외래 동물의 수를 줄이는 것이 얼마나 힘든지 깨닫게 하기 위해서다.

7. 예시 답안

개인	기르던 외래 동물을 버리지 않는다.
	외래 동물의 종류와 피해를 잘 알아 둔다.
정부	외래 동물을 버리지 못하게 하는 법을 만든다.
	천적을 연구해 외래 동물의 증가를 막는다.

♣80쪽
▶행복한 논술 (예시 답안)
　우리나라에 적응한 외래 동물은 대부분 사람들이 돈을 벌기 위해 수입했다가 돈이 되지 않자 자연에 풀어 준 것들이다. 황소개구리와 블루길, 큰입배스는 식용으로 쓰려고 미국에서 들여왔다. 뉴트리아는 고기를 사료로 쓰고 모피는 가죽으로 쓰기 위해 불가리아와 프랑스에서 각각 수입했다. 붉은귀거북의 경우 애완용으로 미국에서 사 왔다. 생태계에 미치는 영향을 전혀 고려하지 않고 국내에 들여온 것이다.

　국내에 들여온 외래 동물은 결국 천적이 없는 환경에서 자리를 잡고 토종 동물을 먹어 치우며 생태계를 망가뜨렸다. 먹이 사슬이 망가진 생태계는 쉽게 회복되지 않아 피해가 사람에게까지 미친다.
　외래 동물의 피해를 줄이려면 키우던 외래 동물을 자연에 함부로 버리지 말아야 한다. 우리나라에 들어오면 피해가 큰 동물은 수입을 막을 필요가 있다. 그리고 외래 동물이 들어올 경우 환경에 미칠 수 있는 영향을 학교에서도 가르쳐야 한다. 외래 동물의 천적을 찾아내 외래 동물의 수를 줄이는 것도 필요한 노력이다. 천적을 발견할 수 없다면 사냥이나 낚시, 포획 대회를 여는 방법도 생각해야 한다.

09 한산모시짜기 아세요

♣86쪽
▶생각이 쑤욱
1. 예시 답안

제목	무형문화재	유형문화재
종류	판소리, 탈춤, 민요처럼 전통 예술과 기술에 바탕을 둔 춤, 노래, 공예기술 등	문서, 그림, 공예품 등
뜻	보존할 가치가 있는 문화재 가운데, 형태가 없어 눈에 보이지 않는 문화재	보존할 가치가 있는 문화재 가운데, 일정한 형태를 지닌 문화재
가치	문화유산을 보면서 과거의 역사를 되돌아볼 수 있다. 조상의 삶과 지혜를 통해 우수성과 독창성을 배우고, 창의성을 계발할 수도 있다.	

2. 예시 답안
　한국의 줄타기는 음악과 대화가 어우러진 종합 예술입니다. 줄을 타는 몸 기술에만 중점을 두는 다른 나라의 줄타기와는 다릅니다. 줄광대는 다양한 줄타기 기술과 이야기, 노래, 춤을 선보입니다. 그리고 땅 위의 어릿광대가 줄광대와 대화하고, 삼현육각잡이들이 음악을 연주하는 솜씨를 보면 넋이 나갑니다.

3. 예시 답안
　-역사성 : 택견은 선사 시대부터 시작된 것으로 보인다. 고구려의 고분 벽화인 무용총에는 택견의 동작을 그대로 옮긴 그림이 있어 고구려의 무예가 크게 발전했음을 알 수 있다. 택견은 '수박'이나 '각희'로도 불렸는데, 택견이란 이름으로 기록된 것은 조선 시대 정조(재위 1777~1800) 때의 일이다. 택견은 1983년 중요무형문화재 제76호로 지정되었다.
　-경기 방법 : 택견은 손과 발을 유연하게 순간적으로 움직여 상대를 제압하고 자기 몸을 방어한다. 두 경기자 가운데 한 사람이 상대를 넘어뜨리거나 얼굴을 발로 차면 이긴다.

하지만 높이 찬 발을 상대가 손으로 잡아 넘길 수 있어 함부로 얼굴을 공격하지는 못한다. 진행과 판정은 구경꾼의 의견에 따른다.

　-우수성 : 택견은 동양에서 가장 오래된 무술이다. 2000년 전인 고구려 시대부터 전승되었다. 택견은 과학적인 무술이다. 몸의 모든 근육을 그 생김새대로 움직여 몸에 무리가 가지 않는다. 또 상대를 다치게 하지 않고 넘어뜨리는 것만으로 승부를 가르기 때문에 인간적인 면도 있고, 우아하고 부드러운 몸짓이 특징이다.

♣87쪽
▶생각이 쑤욱
4. 예시 답안
　베틀로 모시를 짜는 체험 공간을 만든다/모시풀을 엮어 인형을 만드는 대회를 연다/한산모시문화제에 참가한 감상을 엽서에 적어 아는 사람에게 보내 초대하는 릴레이 초청 행사를 연다 등.
5. 예시 답안
　-김치냉장고를 만드는 기술 : 김치는 우리나라 고유의 전통 음식이다. 세계적으로 냉장고는 있어도 김치냉장고는 우리나라밖에 없다. 따라서 김치냉장고 제조 기술이 무형문화재가 될 수 있다.
　-K-POP 춤 : 우리나라 아이돌 그룹이 추는 화려하고 어려운 춤도 우리나라만의 개성이 있으므로 무형문화재가 될 수 있다.

♣88쪽
▶생각이 쑤욱
6. 예시 답안
　인간문화재가 제자에게 자신의 기술을 전수하지 못하고 세상을 떠나면 그 무형 유산은 사라지게 된다. 무형문화재를 연구하거나 개발할 기회도 잃으며, 후손에게 물려주지도 못한다. 또 비슷한 종류의 무형문화재를 보유한 다른 나라가 이를 전승하고 가꾸면 우리 역사를 빼앗기는 꼴이 된다. 이렇게 되면 다른 나라들은 우리를 문화재 관리에 소홀한 나라로 봐서 이미지에도 좋지 않은 영향을 끼칠 것이다.
7. 예시 답안
　-공무원 : 무형 유산을 보전할 수 있는 정책을 만들고 수행한다.
　-인간문화재 : 무형 유산을 이어나간다는 자부심과 책임감을 가지고, 제자에게 기술을 전수한다. 여러 무대에서 공연해 시민들에게 다가갈 수 있도록 노력한다.
　-관련 종사자 : 무형 유산을 연구하고 새로운 무형문화재를 발굴한다.
　-국민 : 무형문화재에 관심을 가지고, 결과물을 사거나 자주 관람한다.

♣89쪽
▶행복한 논술 (예시 답안)
　우리나라에는 택견과 줄타기, 한산모시짜기 등 세계가 인정한 무형 유산이 적지 않다. 하지만 많은 우리 무형 유산들이 국민의 무관심 때문에 사라질 위기에 놓여 있다. 무형 유산은 우리 조상이 남긴 형태가 없는 유산인데, 삶의 지혜와 혼이 담긴 소중한 재산이다. 형태가 없기 때문에 제대로 전승하지 않으면 금방 사라질 수 있다. 따라서 국민 모두 무형 유산에 관심을 갖고 잘 전승해 후손에게 물려주어야 한다.
　무형 유산을 효과적으로 전승하려면, 우선 나라에서 전문적으로 무형 유산만 담당하는 기관을 둬야 한다. 해마다 '전국무형유산문화제'를 열면 일반인도 쉽게 무형 유산을 접할 수 있을 것이다. 행사의 아이디어 기획은 전문가나 인간문화재 외에도 일반인의 응모를 받으면 좋겠다. 인간문화재가 건강해야 무형 문화를 잘 전승할 수 있으므로 인간문화재 지킴이 자원봉사자들이 나이가 많은 인간문화재들의 건강을 확인하고 돌보게 하는 것도 아이디어다.
　인간문화재가 사람들을 직접 찾아가 공연을 열면 나라에서 지원금을 더 주도록 한다. 무엇보다 어린이들에게 무형 유산의 소중함을 알리는 일이 중요하다. 사회 시간에 무형 유산을 배울 수 있도록 교육 프로그램을 만들고, 특별 활동을 통해 무형 유산을 체험하도록 한다면 효과적일 것이다.

10 랑케는 왜 소년과의 약속을 지켰을까

♣95쪽
▶생각이 쑤욱
1. 예시 답안
　신뢰받는 사람이 된다/주변 사람들과 사이좋게 지낼 수 있다/사회 질서가 잘 유지된다 등.
2. 예시 답안
　지키지 못해 가장 아쉬움이 남는 약속은 올해 반장 선거 때 반 친구들에게 했던 약속이다. 친구들이 모르는 문제를 가지고 오면 가르쳐 주겠다고 약속했는데, 한 달 정도 지나고 나니 문제를 물어보러 오는 친구들이 너무 많아서 쉬는 시간 내내 아무 일도 할 수 없었다. 그래서 친구들에게 이제 모르는 문제를 가르쳐 주지 못하겠다며 미안하다고 말했다. 화를 내는 친구들도 있었고, 약속은 끝까지 지켜야 되는 것이 아니냐고 따지는 친구도 있었다. 반장이 되고 싶어서 별 생각 없이 했던 약속인데, 막상 지키려니 너무 힘이 들었다. 가볍게 약속했던 내가 참 부끄러웠다.
3. 예시 답안
　-오랜 약속보다는 당장의 거절이 낫다 : 지킬 수 없는 약속을 해 오래 기다리게 하기보다는, 당장에는 기분이 상해도 거절하는 것이 낫다는 뜻.
　-사람들은 자신을 기다리게 하는 자의 잘못을 계산한다 : 약속 시간에 늦으면 기다리는 사람이 매우 불쾌해 한다는 뜻.

-약속을 자주 하는 사람은 잊어버리기도 잘한다 : 함부로 약속하는 사람은 약속을 잘 잊어버린다는 뜻.

♣96쪽
▶생각이 쑤욱
4. 예시 답안
　학교는 우산을 되돌려 놓겠다는 약속을, 문구점은 물건을 다시 사러 오겠다는 약속을 각각 믿고 우산을 빌려주거나 물건 판매 예약을 받는 것이다. 양심 우산을 운영하는 학교나 물건 판매 예약을 받는 문구점은 학생들의 편리를 위해 이런 제도를 만들었다. 그런데 약속을 지키지 않는 사람이 늘어난다면, 이런 제도는 결국 사라지게 된다. 약속을 지키지 않는 몇몇 사람들 때문에 약속을 잘 지키는 사람들도 피해를 당하게 되는 것이다.

5. 예시 답안
　-미생의 행동은 약속을 잘 지키지 않는 요즘 사람들에게 교훈을 준다. 미생은 자신의 목숨보다도 약속을 소중히 여겼기 때문이다. 미생이 약속을 지키려다 숨진 것은 어리석게 보일 수도 있지만, 어디에 가치를 두고 사는지가 중요하다. 사람은 언젠가 죽게 되어 있다. 따라서 어떠한 상황에서도 자신의 신념과 가치대로 사는 모습이 더 값진 삶일 수 있다.

　-미생의 행동은 바람직하지 않다. 미생은 약속을 지키기 위해 목숨을 버렸다. 미생과 만나려고 약속한 여자도 미생이 목숨을 버린 채 약속을 지켜서 기뻐하기는커녕 미생의 죽음을 슬퍼했을 것이다. 어느 정도 융통성이 필요하다.

♣97쪽
▶생각이 쑤욱
6. 예시 답안
　약속을 지키기 위해 가장 필요한 마음가짐은 함부로 약속하지 않는 것이다. 나는 평소에 기분이 내키는 대로 약속하고 다녔기 때문에 약속을 잘 기억하지 못했다. 그리고 약속을 다 지켜야 한다고 생각하지도 않았다. 나중에 주변 친구들이 내가 한 약속을 믿지 않는다는 사실을 알았을 때 매우 놀랐고 부끄러웠다. 그 뒤로는 꼭 필요하고 지킬 수 있는 약속만 하고, 약속을 지키기 위해 최선을 다하고 있다.

7. 예시 답안
　조그만 약속이라도 소중하게 여기고 꼭 지키려고 노력하는 사람은 다른 사람들에게 인정을 받는다는 사실을 알았다. 또 어떠한 상황에서도 약속을 지키려는 자세는 다른 사람에게 감동을 주고 자신을 돕는다는 걸 알게 되었다.

♣98쪽
▶행복한 논술 (예시 답안)
　약속을 지키지 않는 어린이가 갈수록 늘고 있다. 지킬 수 없는 약속을 하거나, 지키기 귀찮다는 이유로 약속을 가볍게 생각하기 때문이다. 약속은 사람과 사람 사이의 신뢰로 이루어지는 것이다. 그러니 약속을 지키지 않으면 다른 사람에게 피해를 주고, 자신은 신뢰를 잃게 된다. 신뢰가 사라지면 사회에서 사람들과 좋은 관계를 맺을 수 없고, 중요한 일도 맡을 수 없다. 따라서 직장 생활을 하거나 사업을 해도 성공하기 어렵다.

　약속을 잘 지키는 습관을 들이려면 약속을 하기 전에 자신에게 그 약속이 꼭 필요한지, 충동적으로 약속을 한 것은 아닌지 생각해야 한다. 자신의 능력으로 지킬 수 없는 약속을 하면 안 된다. 약속한 뒤에는 약속 점검표를 작성하고, 정기적으로 약속 점검표를 확인해 자신이 얼마나 약속을 잘 지켰는지 점검할 필요가 있다.

11 짠 음식은 왜 모조리 맛있는 거죠

♣104쪽
▶생각이 쑤욱
1. 예시 답안
　소금이 많이 들어간 김치와 장류, 젓갈을 주로 먹기 때문이다. 최근에는 패스트푸드와 가공 식품을 자주 먹는데, 여기에도 소금이 많이 들어 있다.

2. 예시 답안
　짜게 먹으면⇨살이 찌기 쉽다⇨키가 잘 크지 않는다⇨고혈압을 일으키는 등 여러 가지 병이 생긴다⇨기분이 우울하다⇨잠을 깊이 자지 못해 집중력이 떨어져 성적이 오르지 않는다 등.

3. 예시 답안
-아침 : 미역국, 쌀밥, 김치, 계란말이, 콩나물무침.
-점심 : 카레라이스, 김치, 닭다리 튀김, 오이소박이.
-저녁 : 된장찌개, 콩밥, 김치, 자반고등어, 시금치나물.

<나트륨이 많이 들어간 음식>
자반고등어/닭다리 튀김/김치/장찌개/미역국

♣105쪽
▶생각이 쑤욱
4. 예시 답안
　"음식을 무조건 싱겁게 먹는다고 좋은 건 아니야. 싱겁게 먹으면 혈압이 낮아져서 어지럼증이 생기고, 소화가 잘 안 되는 문제가 생길 수 있어. 따라서 너무 짜게 먹어도 안 되지만, 무조건 싱겁게 먹는 것도 좋지 않아. 무엇이든 적당히 먹는 것이 건강에 좋아."

5. 예시 답안

> 나트륨 줄이Go
> 건강 올리Go
>
> *소금 그리고, 옆에 아래 방향 화살표 (⇩)
> *밝고 건강해 보이는 어린이 얼굴 그리고, 옆에 위 방향 화살표 (⇧)

♣106쪽
▶생각이 쑤욱
6. 예시 답안

-밥을 지을 때 : "엄마, 흰쌀밥에도 나트륨 성분이 들어 있대요. 잡곡을 섞어 밥을 지으면 건강에도 좋고 맛도 좋을 것 같아요."

-국을 끓일 때 : "엄마, 간을 맞출 때 보통 소금 말고, 나트륨의 양을 줄인 저염 소금을 사용하면 어떨까요? 아니면 소금보다는 국간장이, 국간장보다는 천연 조미료에 나트륨이 적게 들어 있다고 하니까 그걸 사용해 보세요."

-샐러드 소스 만들 때 : "엄마, 샐러드 소스에는 색소뿐만 아니라 나트륨도 많이 들어 있으니 요플레를 사용하면 어떨까요? 새콤달콤해 맛도 좋고, 짜지 않아 건강에도 좋을 것 같아요."

7. 예시 답안

월	과자를 살 때 영양 표시를 꼭 확인한다.
화	국을 먹을 때 건더기를 주로 먹고, 국물은 되도록 먹지 않는다.
수	스낵 종류의 과자를 사 먹지 않는다.
목	소스를 먹을 때는 음식 위에 끼얹어 먹지 말고 찍어 먹는다.
금	국에 말아 먹거나 찌개에 비벼 먹지 않는다.
토	짠 반찬은 조금씩 먹고, 대신 채소를 많이 먹는다.
일	간식으로 햄버거나 피자 대신 과일을 먹는다.
실천다짐	예) 일주일 동안이라도 열심히 실천한 다음, 하나씩 습관으로 만들어야겠다.

♣107쪽
▶행복한 논술 (예시 답안)

우리 국민 10명 가운데 7명은 음식을 짜게 먹는 것으로 나타났다. 우리나라는 소금이 많이 들어간 김치와 장류, 젓갈 등을 주로 먹기 때문이다. 게다가 나트륨이 많이 들어간 패스트푸드와 가공 식품까지 자주 먹는다.

음식을 짜게 먹으면 살이 찌기 쉽고, 키가 잘 크지 않는다. 고혈압을 일으키고, 여러 가지 병도 생기게 된다. 기분이 우울하고, 잠을 깊이 자지 못하기 때문에 집중력도 떨어진다.

음식을 짜게 먹지 않으려면 가정에서부터 노력해야 한다. 장을 보면서 특히 가공 식품을 살 경우 영양 성분 표시를 꼼꼼하게 살펴서 나트륨이 적게 들어간 제품을 고르는 습관을 들인다. 요리할 때도 조금만 신경 쓰면 소금의 양을 줄일 수 있는데, 흰 쌀보다 잡곡을 많이 넣어 짓는다. 반찬이나 국의 간을 맞출 때는 소금을 되도록 적게 넣거나 저염 소금을 사용한다. 소금 대신 짠맛이 덜한 간장이나 천연 조미료를 사용하는 것도 좋은 방법이다. 무엇보다 먹을 때 주의해야 한다. 우리나라는 국이나 찌개류의 음식을 자주 먹는데, 국물은 짜기 때문에 되도록 건더기를 먹는 것이 좋다. 국물에 밥을 말아 먹는 습관도 고치고, 짠 반찬은 조금씩 먹되, 대신 채소를 많이 먹는다. 햄버거, 피자, 라면, 과자 등은 나트륨이 많이 들어 있기 때문에 가능하면 덜 먹는 것이 좋다.

12 유엔을 알아야 국제 기구에서 일하지

♣113쪽
▶생각이 쑤욱
1. 예시 답안

총회, 안전보장이사회, 신탁통치이사회, 경제사회이사회, 국제사법재판소. 사무국 등을 들 수 있다.

2. 예시 답안

기구 이름	하는 일
유네스코	교육, 과학, 문화의 힘으로 세계 평화를 이루기 위해 1945년 설립했다. 문맹 퇴치와 세계 유산의 등록과 보호 등 사업을 한다.
유니세프	전쟁을 겪으며 배고픔과 질병으로 죽는 어린이들을 보호하기 위해 1946년 설립했다. 모금을 통해 마련한 기금으로 어린이들을 돕는다.
국제원자력기구	원자력을 군사적으로 이용하는 것을 막고 평화적인 사용을 돕기 위해 1957년 설립했다.
세계보건기구	모든 사람이 최고의 건강을 유지하며 살도록 하기 위해 1948년 설립했다. 유행병과 전염병 연구, 회원국의 질병 예방 지원 등의 일을 한다.

3. 예시 답안

-사진 제목 : 쏘지 마!
-사진 설명 : 총부리가 묶인 모습을 조각했다.
-사진의 의미 : 총부리를 묶으면 총을 쏠 수 없으므로, 다른 사람을 해치지 말고 평화롭게 살자는 뜻이다.

♣114쪽
4. 예시 답안

세계보건기구(WHO)에서 일하고 싶다. 나는 의과대학에 들어가 의사 면허를 딴 뒤 세계보건기구에 들어가고 싶다. 지구촌 모든 사람들을 건강하고 행복하게 만들고 싶기 때문이다. 전염병이 도는 나라에 가서 사람들에게 약을 나눠 주고, 예방 접종도 실시해 사람들이 질병의 고통에서 벗어나게 하고 싶다.

5. 예시 답안

황사 문제를 해결하려면 세계보건기구가 나서야 한다. 황사가 닥치면 호흡기 질환으로 고통을 당하는 사람도 많고,

황사에 든 중금속 물질이 토양 오염을 일으켜 그 땅에서 자라는 농작물에도 해를 입힌다. 세계보건기구가 나서서 황사 실태를 조사하고, 피해를 당한 사람들을 찾아 보고서를 만들어야 한다. 이것을 바탕으로 중국에게 사막 지역에 나무를 심거나 방풍림을 만들어 황사를 줄이도록 요구해야 한다. 또 중국이 스스로 해결하기 어려울 경우 주변 국가 등 국제 사회의 도움을 얻어 해결하도록 해야 한다.

♣115쪽
▶생각이 쑤욱
6. 예시 답안
　가장 심각하다고 생각하는 국제 문제는 지구 온난화다. 지구 온난화를 막으려면 유엔 가입국 모두가 힘을 합쳐 온실 가스 배출량을 30년 안에 지금의 절반 이하로 줄이겠다는 약속을 하고 실천해야 한다.
7. 예시 답안
　규칙을 어기는 나라의 투표권을 일정 기간 빼앗는다/규칙을 어긴 나라에게는 벌금을 물린다/규칙을 어긴 나라는 외국과 협약을 전혀 맺지 못하도록 한다 등.

♣116쪽
▶행복한 논술 (예시 답안)
존경하는 유엔 회원국 여러분!
　1945년 51개 회원국으로 출범한 유엔의 회원국이 이제 193개국으로 늘어났습니다. 유엔은 그동안 이름에 걸맞게 세계 각국의 협력을 증진하기 위해 노력했습니다. 6개의 주요 기구 외에도 수많은 전문 기구와 보조 기구들이 세계 평화 유지와 경제 발전, 인권 보장을 목표로 지금도 열심히 노력하고 있습니다.
　유엔은 앞으로도 인류 모두 평화롭고 행복하게 살 수 있는 세상을 만들기 위해 최선을 다할 것입니다.
　먼저 각국의 군대를 줄여 전쟁으로 고통 받는 사람이 없도록 하겠습니다. 분쟁 지역에는 평화유지군을 보내 싸움을 멈추게 하고, 그 지역이 평화를 찾을 때까지 교육과 경비 등 업무를 맡도록 할 것입니다. 또 가난으로 고통 받는 사람이 없고, 누구나 평등하게 교육 받을 수 있는 기회를 줄 수 있도록 하겠습니다.
　유엔이 꿈꾸는 세계는 모든 사람이 존중 받으며, 모든 나라가 서로 돕는 세계입니다. 힘이 센 나라나 약한 나라 모두 차별 없이 유엔에서 제 목소리를 낼 수 있도록 항상 노력할 것입니다. 감사합니다.

　　　　　　　　　　　○○○○년 ○○월 ○○일

　　　　　　　　　　　　　　　　유엔사무총장

우리나라 지도

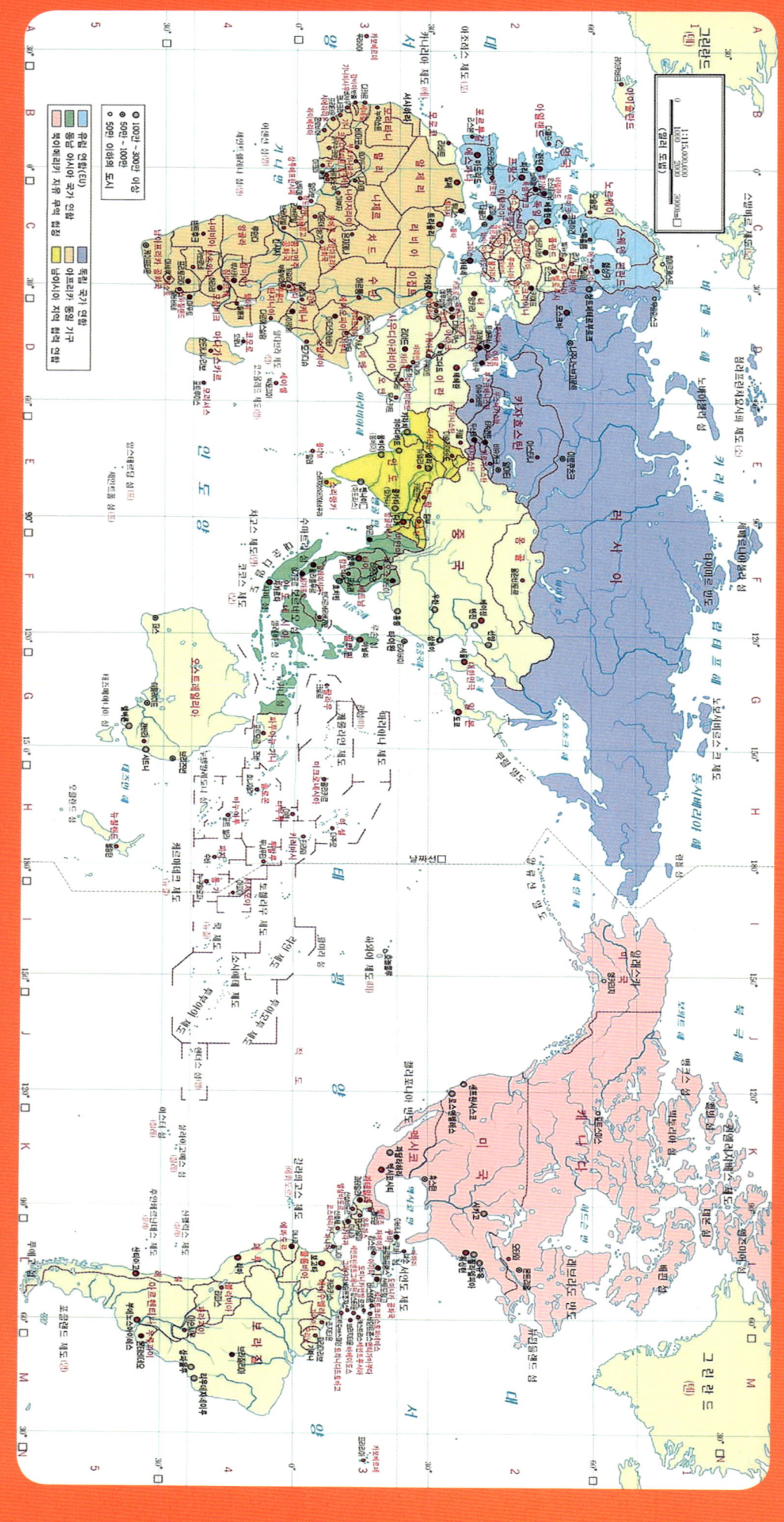